敦煌吐魯番文書研究
上冊

朱雷　著

總序

　　浙江，我國「自古繁華」的「東南形勝」之區，名聞遐邇的中國絲綢故鄉；敦煌，從漢武帝時張騫鑿空西域之後，便成為絲綢之路的「咽喉之地」，世界四大文明交融的「大都會」。自唐代始，浙江又因絲綢經海上運輸日本，成為海上絲路的起點之一。浙江與敦煌、浙江與絲綢之路因絲綢結緣，更由於近代一大批浙江學人對敦煌文化與絲綢之路的研究、傳播、弘揚而令學界矚目。

　　近代浙江，文化繁榮昌盛，學術底蘊深厚，在時代進步的大潮流中，湧現出眾多追求舊學新知、西學中用的「弄潮兒」二十世紀初因敦煌莫高窟藏經洞文獻流散而興起的「敦煌學」，成為「世界學術之新潮流」；中國學者首先「預流」者，即是浙江的羅振玉與王國維。兩位國學大師「導夫先路」，幾代浙江學人（包括浙江籍及在浙工作生活者）奮隨其後，薪火相傳，從趙萬里、姜亮夫、夏鼐、張其昀、常書鴻等前輩大家，到王仲犖、潘絜茲、蔣禮鴻、王伯敏、常沙娜、樊錦詩、郭在貽、項楚、黃時鑒、施萍婷、齊陳駿、黃永武、朱雷等著名專家，再到徐文堪、柴劍虹、盧向前、吳麗娛、張涌泉、王勇、黃征、劉進寶、趙豐、王惠民、許建平以及馮培紅、余欣、竇懷永等一批更年輕的研究者，既有共同的學術追求，也有各自的學術傳承與治學品格，在不同的分支學科園地辛勤耕耘，為國際「顯學」敦煌學的發展

與絲路文化的發揚光大作出了巨大貢獻。浙江的絲綢之路、敦煌學研究者，成為國際敦煌學與絲路文化研究領域舉世矚目的富有生命力的學術群體。這在近代中國的學術史上，也是一個值得關注的現象。

　　始創於一八九七年的浙江大學，不僅是浙江百年人文之淵藪，也是近代中國社會科學與自然科學英才輩出的名校。其百年一貫的求是精神，培育了一代又一代腳踏實地而又敢於創新的學者專家。即以上述研治敦煌學與絲路文化的浙江學人而言，不僅相當一部分人的學習、工作與浙江大學關係緊密，而且每每成為浙江大學和全國乃至國外其他高校、研究機構連結之紐帶、橋梁。如姜亮夫教授創辦的浙江大學古籍研究所（原杭州大學古籍研究所），一九八四年受教育部委託，即在全國率先舉辦敦煌學講習班，培養了一批敦煌學研究骨幹；本校三代學者對敦煌寫本語言文字的研究及敦煌文獻的分類整理，在全世界居於領先地位。浙江大學與敦煌研究院精誠合作，在運用當代信息技術為敦煌石窟藝術的鑑賞、保護、修復、研究及再創造上，不斷攻堅克難，取得了舉世矚目的成就，拓展了敦煌學的研究領域。在中國敦煌吐魯番學會原語言文學分會基礎上成立的浙江省敦煌學研究會，也已經成為與甘肅敦煌學學會、新疆吐魯番學會鼎足而立的重要學術平台。由浙大學者參與主編，同浙江圖書館、浙江教育出版社合作編撰的《浙藏敦煌文獻》於二十一世紀伊始出版，則在國內散藏敦煌寫本的整理出版中起到了領跑與促進的作用。浙江學者倡導的中日韓「書籍之路」研究，大大豐富了海上絲路的文化內涵，也拓展了絲路文化研究的視野。位於西子湖畔的中國絲綢博物館，則因其獨特的

絲綢文物考析及工藝史、交流史等方面的研究優勢，並以它與國內外眾多高校及收藏、研究機構進行實質性合作取得的豐碩成果而享譽學界。

現在，我國正處於實施「一帶一路」偉大戰略的起步階段，加大研究、傳播絲綢之路、敦煌文化的力度是其中的應有之義。這對於今天的浙江學人和浙江大學而言，是在原有深厚的學術積累基礎上如何進一步傳承、發揚學術優勢的問題，也是以更開闊的胸懷與長遠的眼光承擔的系統工程，而決非「應景」、「趕時髦」之舉。近期，浙江大學創建「一帶一路」合作與發展協同創新中心，舉辦「絲路文明傳承與發展國際學術研討會」，都是在新的歷史條件下邁出的堅實步伐。現在，浙江大學組織出版這一套學術書系，正是為了珍惜與把握歷史機遇，更好地回顧浙江學人的絲綢之路、敦煌學研究歷程，奉獻資料，追本溯源，檢閱成果，總結經驗，推進交流，加強互鑑，認清歷史使命，展現燦爛前景。

浙江學者絲路敦煌學術書系編委會

2015 年 9 月 3 日

出版
說明

　　本書系所選輯的論著寫作時間跨度較長，涉及學科範圍較廣，引述歷史典籍版本較複雜，作者行文風格各異，部分著作人亦已去世，依照尊重歷史、尊敬作者、遵循學術規範、倡導文化多元化的原則，經與浙江大學出版社協商，書系編委會對本書系的文字編輯加工處理特做以下說明：

　　一、因內容需要，書系中若干卷採用繁體字排印；簡體字各卷中某些引文為避免產生歧義或詮釋之必需，保留個別繁體字、異體字。

　　二、編輯在審讀加工中，只對原著中明確的訛誤錯漏做改動補正，對具有時代風貌、作者遣詞造句習慣等特徵的文句，一律不改，包括原有一些歷史地名、族名等稱呼，只要不存在原則性錯誤，一般不予改動。

　　三、對著作中引述的歷史典籍或他人著作原文，只要所注版本出處明確，核對無誤，原則上不比照其他版本做文字改動。原著沒有注明版本出處的，根據學術規範要求請作者或選編者盡量予以補注。

　　四、對著作中涉及的敦煌、吐魯番所出古寫本，一般均改用通行的規範簡體字或繁體字，如因論述需要，也適當保留了一些原寫本中的通假字、俗寫字、異體字、借字等。

　　五、對著作中涉及的書名、地名、敦煌吐魯番寫本編號、石窟名

稱與序次、研究機構名稱及人名，原則上要求全卷統一，因撰著年代
不同或需要體現時代特色或學術變遷的，可括注說明；無法做到全卷
統一的則要求做到全篇一致。

書是編委會

目次

從「走近」到「走進」
——敦煌吐魯番文書的追求歷程

　　學術旅程由「走近」到「走進」是一個漫長的歷程。從「走近」到「走進」更不易。除了要有個人努力外，很重要的是有無機遇，能否抓住機遇才是最重要的。

　　回憶起來，那還是在一九四六年春節，我還住在四川江北縣（今重慶市江北區）的水土沱鎮。家中來客談到張大千到敦煌千佛洞畫畫，回重慶後辦了畫展，還笑他好吃，專帶了廚子給他做菜。

　　一九四八年上半年，我讀小學五年級上學期，那是在漢口的一所教會女中附小。當時規定每周六下午是宗教課，開始從《舊約》創世紀講起，還要唱《普天頌贊》內的聖歌。剛上高小就由一位教自然課的老師上宗教課。大約他是一位達爾文的信徒，不像過去宗教課的老師，不講《新舊約全書》而是講故事。現在還記得幾個，如講一個窮困潦倒的書生隨商人入海得了寶，發了大財。到進入初中看課外讀物，才知道就是《今古奇觀》之類的「轉運漢巧遇洞庭紅」。又一次講的是麻城王道士，在敦煌千佛洞吸煙，點煙用的麻稈在把煙點燃後，

就順手往牆上插，習以為常。一次麻稭突然掉進牆洞裡，趕緊把洞拆開，才發現原來是夾牆，也就發現了「藏經洞」。裡面有很多的經書，很多都被外國人拿走了。當年我年少無知，只是當故事聽。一九七三年十二月下旬到敦煌千佛洞，在一個寒夜去一間寒窯訪問史葦湘先生。講到當年聽過的故事時，史先生也說有此一說。

一九五〇年上初中以後，看到不少敦煌千佛洞的臨摹畫的圖片，也看到了旅順博物館出的圖片，是日本大谷探險隊在吐魯番考古所獲，記得還有乾屍的照片。在某期《新華月報》上看到甘肅天水麥積山石窟的圖文報導，留下了深刻印象，心中暗暗發誓：有機會一定要去看看！這個心願在一九七三年十一月終於實現了！

一九五五年九月我如願以償考上武漢大學歷史系。我一開始喜歡攻商史，所以買了朱芳圃的《甲骨學商事篇》，看楊樹達的《積微居小學述林》。但聽了唐長孺教授的魏晉隋唐史的課，還看了他的文章，就轉向三至九世紀史的研究。在看了唐師的《魏晉南北朝史論叢》後，不管當時是否看懂了多少，我卻深深喜歡上了這段歷史。

一九五八年秋，開始了「教育革命」。當時我任班長，以為可以在課程設置、講授內容及方法上做些改革。但事實上愈來愈激烈的「革命」，有些沒讀什麼書的人，說要批倒搞臭王國維、陳寅恪、唐長孺的發言，我忍不住說：我沒有你們那樣大的志向，如果一輩子能讀懂他們的著作，我就心滿意足了。當然還有更多其他的不合時宜的觀點，我就成了「大白旗」被批判了。專用的大批判教室內，宿舍周邊牆上貼滿了批判的大、小字報，最後班長的職務也被罷了。

一九五九年，我大學畢業了！幸蒙批准報考研究生，同年十二月初下鄉勞動歸來，唐師上了幾節小課。一九六〇年初，又繼續深入開展教育革命，此時研究生教育不能走資產階級專家路線，要教研室集

體培養，在鬥爭中成長的極左觀點，比起一九五八年來講是更「左」，更具體深入。先是參加為剛入學的學生編古代史教材，繼又參加編寫《鄂東北黨史》，批判陳寅恪史學觀點（影射唐長孺教授）。一九六〇年十月下旬，部分師生參加新洲縣的整風整社運動，直到一九六一年三月返校。在農村無書可看，我在倉埠新華書店花十元買了部《中國古今地名大辭典》，沒事就翻翻看看，背古今地名。

　　一九六二年秋，研究生畢業，我留校在研究所任助教。當時唐師交給我兩個任務，一是通讀《全唐文》，做出分類卡片，摘錄史料。二是一九五七年夏，在北京歷史研究所陪唐師閱讀該所新購斯坦因、伯希和所竊敦煌文書膠卷，摘錄有關經濟和社邑資料，再作核對。這就是唐師把我引到敦煌學的門口。[1]由於要借用大圖書館的閱讀器，我遂白天在圖書館使用閱讀器讀資料，夜間摘錄《全唐文》。次年，兩項任務完成。我正想有點時間作「私活」，可以開工了，但抓階級鬥爭又開始了。

　　一九六三年秋，學校開始「五反三清」，又要抽調教師參加，當然首先是抽調我們這些缺乏階級鬥爭的教師參加，查賬、外調搞專案。我利用歷史考證功夫去調查取證，無法查證的查證清楚了，已作結論定性的，我從書法辨認上予以否定。結果半年過了，別人都回系了，我卻因搞得有成績而被留下繼續工作。如外出調查，我就隨身帶一本《全唐詩》，有空翻翻看看，需要的材料就作卡片。如在校內，完成工作後就利用夜晚挑燈夜讀。一九六四年八月回系工作，九月帶學生下鄉勞動鍛鍊，十月中旬就參加「四清」運動。一九六五年七月回校後，

1　朱雷：《唐長孺師與敦煌文書的整理》，載《魏晉南北朝隋唐史資料》第二十一輯《唐長孺教授逝世 10 周年紀念專輯》。

又開始批判海瑞清官論……一九六六年，「文化大革命」開始。十年浩劫給我們國家和人民帶來無盡的傷痛，我也深受影響……

「文革」末期，為了寫出一部超越此前的「左」得不能再「左」的中國古代史教材，由三結合（教師、工人師傅、工農兵學員）編寫出「紅布」（指過去提「紅線」還不夠）的歷史，需要外出收集考古資料，申請了一筆經費後，決定去洛陽、西安、蘭州、新疆、敦煌等地，我乘機增加了天水麥積山，以實現當年的夢想。

一九七三年十二月中旬的一個寒夜，火車抵達烏魯木齊，下車後陣陣寒意襲來，但心情卻興奮不已。第二天到博物館看到展出的吐魯番文書，更令人大有如玄奘到了西天，看到佛金口所言的真經那樣激動！因新疆天寒地凍等等原因，決定暫時不去吐魯番，改奔敦煌。

十二月下旬的一個黃昏，我到了千佛洞，這個讓我二十餘年為之魂牽夢縈的地方。雖然天氣寒冷，生活艱苦，我們仍然堅持白天進洞參觀，邊聽講解邊作記錄，不時還提出問題請教。夜晚看有關文獻，或是去寒窯訪問老的工作人員，還有機會見到常書鴻先生。

正因此行有所收穫，國家文物局王冶秋局長決定由唐長孺教授領導吐魯番文書的整理工作。[2]在唐師指導下，我們作了初期準備工作後，於一九七四年十月初到達烏魯木齊，立即開展工作。我也自帶商務印書館縮印百衲本兩《唐書》，開明本縮印《南》、《北》二史，還有不少與此有關的著作，如岑仲勉、馮承鈞、賀昌群、蔣禮鴻……等先生的著作。白天就了解「家底」（即館藏吐魯番文書有多少），歷年墓葬發掘報告有多少及其內容，發掘整理資料內容。夜間因有暖氣可以通宵達旦看書，在此期間我閱讀了大量史籍和中外學人的研究成果，

2　朱雷：《唐長孺師與吐魯番文書》，載《河北學刊》2005 年第五期。

這才逐漸達到「進入」境界的門檻。

　　次年五月初，我作為唐師助手，隨其再赴烏魯木齊，就在即將開始工作時，唐師到庫車千佛洞，因路況極差過於顛簸，導致右眼底出血，回京住院治療，我則留在新疆繼續從事整理工作。我還到吐魯番整理地區文保所發掘的文書、墓誌，並考察了交河、高昌兩古城遺址保護情況。

　　一九七五年十月十五日，唐師出院，回到國家文物局，繼續領導吐魯番文書整理。因為我在新疆烏魯木齊市、吐魯番兩邊整理工作，加之對日本方面整理文書的了解，遂令我起草一份「錄文須知」。在整理文書工作時，我不僅要完成自己的工作，還要協助唐師工作，從而學到了不少知識。大約從一九七四年開始整理出土文書，一九八六年一月底結束整理工作；如果再加上二〇一〇年八月再赴烏魯木齊整理博物館本世紀初新發掘的四座墓，以及上世紀的二十座墓葬遺漏文書的錄文、拼對、標點、注釋，至十二月初完成；前後兩次共計十三個年頭，我終於算是「進入」了敦煌吐魯番學的門檻。到了敦煌、吐魯番，不等於說「進入」兩學，而是從深入研究入手，廣泛求證得出正確結論，才能提出超越前人或是能發人深省的問題。

　　回想自己十幾年致力於吐魯番出土文書的整理與研究，感慨頗多！

　　在「文革」後期，百廢待興，而我有幸走進了新疆，有幸走進了吐魯番，有幸接觸並整理了吐魯番出土文書。從初識出土文書，經過艱難跋涉，一步一個腳印地向事業的頂點邁進，終於走進敦煌吐魯番學，成為一個研究敦煌吐魯番學的學者。

　　出土文書整理是個大工程，要把那些千頭萬緒的紙片，一點點看明白，理出頭緒，抄錄到稿紙上，根據紙質、字跡、內容有序歸類，

完成釋文、拼對後，再融合自己的歷史知識、文獻資料，給文書斷代、定名，必要的注釋，等等。要想把文書整理成精品，談何容易！在漫長的十幾年文書整理中，我體會最深的一點是：要耐得住寂寞，甘願清貧，不為名不為利，只為求得真知，要在知識的海洋裡尋找「真金白銀」，尋找人生的樂趣。

我還有一點體會：要做好學問，一定要有扎實的基本功。我在大學期間，認真系統學習了魏晉南北朝隋唐史的基礎知識，系統地閱讀了基本文獻，較純正地掌握了研究方法，所以研究課題是繼承了唐長孺師的實證方法、溯源思變的論證，因而自能得出超越一般的結論。

大學畢業後，我有幸考上唐長孺先生的研究生，在唐師的指導下學習、工作。唐師是我整理、研究敦煌吐魯番文書的領路人。從一九七五年起，作為唐師的助手，我們一起在新疆、北京整理出土文書，朝夕相處十餘年，老師的身教言傳，不僅教我做人，也教我作學問，使我受益匪淺！終身難忘！

東晉十六國時期姑臧、長安、襄陽的「互市」

梁僧祐所撰《出三藏記集》收有《漸備經十住胡名並書序》一文，作者不詳，其中記云：

元康七年十一月二十一日，沙門法護在長安市西寺中出《漸備經》，手執胡本，譯為晉言……大品出來，雖數十年，先出諸公，略不綜習……不知何以遂逸在涼州，不行於世……或乃護公在長安時，經未流宣，唯持至涼州，未能乃詳審。泰元元年，歲在丙子五月二十四日，此經達襄陽。釋慧常以酉年因此經寄互市人康兒，輾轉至長安。長安安法華遣人送至互市，互市人送達襄陽，付沙門釋道安……《漸備經》以泰元元年十月三日達襄陽……與《光贊》俱來……《首楞嚴》、《須賴》，並皆與《漸備》俱至。涼州道人釋慧常歲在壬申，於內苑寺中寫此經。以酉年因寄，至子年四月二十三日達襄陽。[1]

1　梁僧祐：《出三藏記集》卷九，《大正藏》本。書序本文經校勘，有兩處異文，但因不涉及討論範圍，故不一一注出。又下引佛教典籍皆本《大正藏》本，亦不再注出。

這篇書序，並非僅僅只記了《漸備經》由西北到東南的傳播經歷，事實上還講了《光贊般若波羅蜜經》、《首楞嚴經》及《須賴經》的傳播經歷。

《漸備經》，即《一切漸備智德經》，為《華嚴經‧十地品》之異譯，是被譽為「敦煌菩薩」的竺法護於西晉惠帝元康七年（297）十一月，在長安開譯的。[2]譯出後，大約是由於「八王之亂」以及隨之而來的「五胡亂華」的混亂局面，此經未能流行。但譯本可能是隨著避亂而西遷的徒眾，到了涼州。這裡是西晉涼州刺史張軌統治的地區，後張氏建立前涼王朝，都姑臧（今武威）。直至東晉孝武帝寧康元年（即書序所云酉年、西元 373 年），涼土沙門釋慧常將此經寄托涼州「互市人」康兒，由其「輾轉至長安」。大約由於中途「輾轉」之故，所以此經送達長安已是東晉孝武帝太元元年（376）五月。[3]長安僧人安法華又將此經送長安「互市」，由「互市人」送達襄陽，付予自稱「彌天」的釋道安。時達襄陽，為太元二年十月初。

同書序中尚記竺法護譯《光贊經》、涼土月支優婆塞支施崙所譯《首楞嚴經》及《須賴經》[4]，亦由慧常於寧康元年以同樣方式「寄」出，但早於《漸備經》，在太元元年（即子年，376 年）四月即達襄陽。這兩批佛典，同在寧康元年「寄」自涼州，但是到達襄陽卻有先後之別，相隔一個年頭，足證自涼州「寄」出時，就非交與同一「互市人」，因而造成時間差誤。

按釋道安本在中原，因後趙石氏亡後，中原擾亂，乃率徒眾，南投襄陽，居白馬寺，後更創立檀溪寺。長期居於襄陽，為時所重。道

2　見《出三藏記集》、《高僧傳》、《開元釋教錄》。

3　按：書序作「襄陽」，但綜觀全文，知應是長安之誤。

4　《出三藏記集》卷七，首《楞嚴後記》第十一。

安南行途中，為廣布佛法，曾分張徒眾，令法汰詣揚州，法和入蜀。法汰臨別謂道安云：

> 法師儀軌西北，下座弘教東南，江湖道術，此焉相望矣。[5]

據此，可知道安雖避難遷到襄陽，但仍「儀軌西北」，也即在宣揚佛教活動方面，與河西走廊及關中地區保持著聯繫。故而長安安法華在得到涼州新譯佛教經典後，迅即遣人交「互市人」，送給道安，恐是按照涼州道人釋慧常的囑托。當前秦攻下襄陽時，虜獲甚巨，但符堅卻說：「朕以十萬之師取襄陽，唯得一人半，安公一人，習鑿齒半人也。」此「半人」即襄陽高士，而「一人」即指道安。符堅如此重視他，這與他雖長期居於襄陽，但卻能「儀軌西北」有關。而「互市人」之所以樂於充當宗教思想交流的傳遞者，除了與他們自己的宗教信仰有關外，可能還因在商業活動上，需要得到寺院的某種幫助。

　　以上四部佛典由西北輾轉寄到東南，時間是在西元三七三年至三七七年。此時，統治涼州的是前涼張天錫[6]，統治以長安為中心的關中地區的是前秦符堅。而襄陽則是東晉的重鎮。三個政權相對峙，特別是前秦與東晉，經常處於戰時狀況。因此，南北人員交往處於隔絕狀態。但這四部佛典的傳播，之所以能由涼州而長安，最後到達襄陽，卻是採用一種特殊的方式，即「寄」於「互市」內的「互市人」，由其分段遞送，穿越三個政權統治地區，而完成傳遞任務。因而這種南北對峙局面下的「互市」以及「互市人」，是一個值得注意的問題。

5　《高僧傳》卷五《義解二‧竺法汰傳》。

6　據《晉書》，前秦於東晉孝武帝太元元年（376）八月滅前涼，但釋慧常將此四部佛典「寄」出時，前涼尚未亡。故仍作為割據政權的存在提出。

　　中國自秦漢以來，就形成一個統一的多民族國家，內部各地區、各民族之間，經濟、文化的相互交流，有著悠久的歷史，並形成某種程度的相互影響的關係。我們說，封建社會經濟的特點是自給自足的、封閉型的，但這是相對資本主義的商品經濟、生產的社會化而言的。因此不能忽視或否認，在一個長期統一的封建國家內部，存在著各地區經濟的交流及相互影響的關係，以及某種程度的相互依賴。作為封建國家內部單個的人，或是家庭，幾乎可以閉塞在一地，但作為一個地區的政權，它卻或多或少地需要與其他地區的經濟進行交流。西晉末年，經過所謂五胡亂華進入了東晉十六國時期，這是在統一歷史長河中所出現的分裂局面。但這並不能割斷統一局面所形成的南北經濟交流。而南北各族統治者為了本身的利益和需要，除了通過打仗掠奪外，在對峙的相對穩定時期，也要求進行正常的經濟交流，以互通有無。這種交流活動，一種是通過雙方使節交聘附帶進行，另一種就是採取「互市」的方式來進行。

　　「互市」，或稱「交市」，史書上歷來是指國與國之間、民族與民族之間的相互貿易往來。《後漢書‧西域傳》云：大秦國「與安息、天竺交市於海中，利有十倍」。同書《烏桓傳》記，東漢與烏桓，「歲時互市焉」。東漢順帝陽嘉四年（135）冬，「烏桓寇云中，遮截道上商賈車牛千餘兩」。商賈所擁如此眾多的車牛，當是入烏桓經商，可見「互市」規模之大。三國鼎立之時期，南北之間，亦有「互市」。[7]

　　這一時期最早有關「互市」的明確記載，見於後趙石勒與東晉祖逖之間。當祖逖北伐到河南時，石勒曾寫信給祖逖：

7　《晉書》卷六一《周浚傳》，中華書局 1987 年版。

求通使交市。逖不報書，而聽互市，收利十倍，於是公私豐贍，士馬日滋。[8]

由於祖逖兵強善戰，石勒為籠絡祖逖，並為得到南方的物資，故要求與祖逖「通使交市」。祖逖之所以「不報書」，很顯然是出自「夷夏之分」的正統觀點。但進行交流總有好處，故又「聽互市」。由於「互市」對「公私」均有利，方能「收利十倍」。作為「公」的收利，除了本身可能進行的市易活動獲利外，恐怕對「互市」的雙方，都要徵收某些物資或稅款。祖逖北伐，東晉政府是不支持的。及其渡江北伐時，晉元帝只給他一個奮威將軍豫州刺史的空頭銜，另外：

給千人廩，布三千匹，不給鎧仗，使自招募。（逖）仍將本流徙部曲百餘家渡江……[9]

及至祖逖北伐獲捷時，出於猜忌，東晉政權也不會給其更多的資助。而祖逖依靠「互市」的「收利」，居然能做到「公私豐贍，士馬日滋」的地步，足見「互市」獲利之巨。

前秦苻健世，其丞相苻雄遣衛大將軍苻菁攻東晉：

掠上洛郡，於豐陽縣立荊州，以引南金奇貨、弓竿漆蠟，通關市，來遠商，於是，國用充足，而異賄盈積矣。[10]

8　《晉書》卷六二《祖逖傳》，第 1697 頁。

9　《晉書》卷六二《祖逖傳》，第 1695 頁。

10　《晉書》卷一一二《苻健載記》，第 2870 頁。又《資治通鑑·晉紀二十一》，將此事置於東晉穆帝永和九年九月。

上洛即今陝西商縣地，豐陽即今陝西山陽。上洛居丹水（今丹江）上游，豐陽在上洛南，亦距丹水不遠。順丹水東南入沔水（今漢水），沿沔水東南流，可達東晉之襄陽。又豐陽之西南，即東晉梁州之漢中郡。苻秦之「通關市」，當如石勒與祖逖之「互市」，其所謂「來遠商」，也即指東晉統治區內的商賈。這些商賈如果不是襄陽、漢中兩地土著，也必是經過此兩地而來的「遠商」。特別是襄陽，為漢水之重鎮，「四方湊會」之處，南連江陵，北通豐陽，應是苻秦所注目之處所。苻氏立「市」所引之「南金」，自然不是張華、顧榮所薦之「南金」[11]，而是指「元龜象齒，大賂南金」句中之「南金」。所謂之「南」，古謂「荊、揚」二州，古荊、揚之州，貢「金三品」[12]，古代之金，亦多指銅。其實於這裡也是用的《詩經》、《禹貢》文句作典，不必拘泥於此。這裡所指苻秦還是為了獲得東南的金屬。自餘「弓、竿、漆、蠟」之物，也多是襄陽、漢中的特產。苻氏繼石趙而立「互市」，大得其利，所以「國用充足，而異賄盈積」。

　　根據《漸備經》書序所記，前涼之姑臧、前秦之長安，皆有「互市」機構，由「互市人」進行過境貿易活動。書序中雖未明言襄陽有「互市」，但長安「互市」之「互市人」接連來到襄陽，從而表明在襄陽亦應有相應的「互市」機構。由長安到襄陽，「互市人」所走的道路，根據前引有關苻秦於豐陽立荊州，以「通關市」記載的推測，也應大多首先由長安到達上洛，或是豐陽，然後沿丹水東南流入漢水，直抵襄陽；或由長安南下走旱路，逾子午谷至漢中，再東南行達襄陽，襄陽又南通江陵，交通便利，本地條件優越。凡此種種，襄陽成

11　《晉書・顧榮傳》、《晉書・薛兼傳》。

12　《詩經・魯頌・泮水》、《禹貢・九州》。

為東晉與關中地區的「互市」，並能與江北、淮南一帶的「互市」鼎足而立，固其宜矣。

更值得注意的是，《漸備經》書序中提到涼州姑臧「互市人」，名叫「康兒」。我們知道，姑臧不僅是涼州之首會，為前涼之王都，而且是位於「絲綢之路」上的一個萬商雲集的商業中心。這裡不僅有漢商，而且還有為數眾多的所謂西域胡商，即來自中亞地區的商人。根據記載，北魏太武帝太延五年（439）滅北涼沮渠牧犍時，就在姑臧虜獲不少粟特商人。史云：

> 其國商人，先多詣涼土販貨，及克姑臧，悉見虜。高宗初，粟特王遣使請贖之，詔聽焉。[13]

這裡所講，雖已是北涼沮渠牧犍時期的情況，但提到粟特商人「先多詣涼土販貨」，足見粟特人到姑臧經商是由來已久的事了。這一點，也同樣為考古發掘資料所證實。

《中國史研究動態》一九八一年第四期刊登了陳俊謀所譯日本森安孝夫《關於伊斯蘭化以前中亞史研究資料導論》一文，其中關於中世紀的伊朗語史料部分，介紹了斯坦因在敦煌西北長城烽燧遺址中發掘的八件粟特文書中的第二號書信。繼而，又見到黃振華《粟特文及其文獻》一文[14]，介紹了英國學者亨寧及匈牙利學者哈爾馬達對這封書信的書寫時代判斷的研究。亨寧原著未曾見過，但黃振華摘要介紹了他的觀點，即認為書信寫於西元三一二年至三一三年，只有永嘉五年

13　《魏書》卷一二《粟特傳》，中華書局 1974 年版，第 2270 頁。《北史‧粟特傳》。
14　載《中國史研究動態》1981 年第九期。

（311）洛陽被毀於匈奴一事可能是寫信人之所指。亨寧的分析，當亦是指將信中有關「匈奴」、以及「洛陽」與「長安」的被焚等，是與《晉書》、《資治通鑑》中有關「永嘉之亂」的記載作了比較、印證之後，得出這個結論的。

粟特人長期來往中國經商，他們憑藉著悠久豐富的經商經驗、機靈敏銳的商人氣質，掌握著貿易信息。而且所有貿易活動，需要有一個安定的局面。因而商人們極其關注時局的變化，對於當時當地的戰爭，地區政權的更迭，都是十分敏感的。這份出土在敦煌西北長城舊址中的第二號書信，就應是向粟特本土報告河西走廊的敦煌、姑臧、金城以及關中之長安，乃至中原的洛陽一帶情況的函件。它當作於長安陷落於匈奴劉聰之手、西晉愍帝被俘之後。[15]

「永嘉之亂」後，關中地區士民，除大量向南遷徙外，還有不少向河西走廊遷徙。西晉所署涼州刺史張軌及其子孫在河西走廊建立前涼王國，都姑臧。這一地區當時還算相對安定，故而沒有像關中及中原地區那樣遭到破壞。同時因為關中地區人口的遷入，經濟、文化有了發展。粟特以及印度商人雖因洛陽、長安被匈奴劉淵所占據，而大受打擊，如信中所云：「（在洛陽的）印度人和粟特人都破了產，並且全死於飢餓。」[16]但留在河西走廊的商胡，卻仍然在涼州地區進行著商業活動，正如信中所說：

自從我們失去了來自內地的支持和幫助，已經過去了有三年。在這種情況下，我們從敦煌前往金城，去銷售大麻紡織品和毛氈（毯）。

15　因筆者未能見到亨寧詳考內容，故亦不便再作考訂。恐有重複勞作之處。或遭譏為抄襲耳。

16　王冀青：《斯坦因所獲粟特文「二號信札」譯注》，載《西北史地》1986 年第一期。

攜帶金錢和米酒的人，在任何地方都不會受阻。這期間我們賣掉了 x+4 件紡織品和毛氈。

本信前面所講是指「永嘉之亂」，洛陽、長安之被劉淵攻占，中斷了粟特商人的活動；後面所講，是粟特商人還在涼州境內各地販易大麻和毛織品。他們所攜帶的「金錢和米酒」，相當一部分（特別是後者），應是用來賄賂各地官府，以取得「支持和幫助」，所以信中說帶了「金錢和米酒的人，在任何地方都不會受阻」。

　　流寓在涼州的粟特商人同時還與其本土保持商業貿易活動，這封粟特文書信的書寫者給他主人這樣寫道：

　　高貴的爵爺，我已為您收集到成匹成捆的絲綢……接到了香料，共重八千司他特（stater）……又，我已派范拉茲馬克（wnrzmk）去敦煌取 32 個麝香，這是我自己搞到的……

粟特的特產香料是「䏠香」和「阿薩那香」[17]，無麝香，故需從敦煌採購，絲綢自是傳統貿易的大宗貨物。而一旦涼州地區政權與關中地區政權之間恢復「互市」時，這些粟特商人是不會放棄這個機會的。《漸備經》書序講到這個涼州「互市人康兒」，應即是昭武九姓的康國人——粟特人，史稱康國人「善商賈」。[18] 由此可見，中亞胡商不僅沒有全部歸其本土，而且利用「互市人」的身分，依然活躍在「絲綢之路」上。康兒自姑臧出外時間，據《漸備經》書序所曰，大約在東晉

17　《隋書・康國傳》。

18　《魏書・康國傳》、《北史・康國傳》。

孝武帝寧康元年（373），但直到太元元年（376）五月方始到達長安。途中竟走了三年之久。大約其間正遇上太元元年（376）前秦滅前涼張天錫。[19]一度因戰事阻隔外，還因康兒離涼州後，是「輾轉」而至長安。途中「輾轉」，當是指其沿途亦在從事貿易活動，故要多費時日。

　　通過粟特文二號書信的發現，以及《漸備經》書序的記載，也給了我們一個啟示。既然「永嘉之亂」後，中亞胡商並未離開河西走廊，且與其本土保持著聯繫。河西走廊經濟並未遭到破壞，而且通過「互市」及「互市人」的活動，保持著與長安的經濟聯繫，並有中亞胡商充當「互市人」，奔走其間。而長安與襄陽亦設有「互市」，「互市人」往來其間，那麼傳統的「絲綢之路」貿易也勢必沒有中斷，並由長安而延伸到襄陽。

　　唐長孺師根據文獻記載，以及大量考古資料，指出在南北朝時期，連結南朝與西域間的政治、經濟和文化的一條道路是由「益州到西域有一條幾乎與河西走廊並行的道路」[20]。這在整個南北朝期間，都是極其重要的通道。但是，在東晉十六國時期，當前涼、前秦、東晉的襄陽都存在「互市」，有著「互市人」的活動，而且還有出自昭武九姓的胡人充當「互市人」。那麼，傳統的「絲綢之路」貿易也當能沿著這條「互市」路線，由「互市人」去進行，應是毫無疑問的了。當然，由於這條道路常要受到南北之間戰爭的影響，所以經常受阻，因而由益州經吐谷渾到西域的這條通道，特別在南北朝時期，地位越來越重要了。

　　由於「互市」是得到各地區統治者認可而設立的，而「互市人」

19　《晉書·張軌傳附張天錫傳》、《晉書·苻堅載記》上。

20　參見唐長孺《南北朝期間西域與南朝的陸道交通》，《魏晉南北朝史論拾遺》，中華書局 1983 年版。

也是得到各地區統治者的許可，故能穿越各政權的邊境，直至心臟地區進行貿易活動的。因此，這也往往被某一政權的統治者利用來作為秘密通使的工具。據記載，東晉政權欲通前涼張駿，以耿訪為使：

> 選西方人隴西賈陵等十二人配之。（耿）訪停梁州七年，以驛道不通，召還。訪以詔書付賈陵，托為賈客，到長安，不敢進。以咸和八年，始達涼州。[21]

這裡記載東晉欲通前涼，以耿訪等人為使。其啟程於何時，史未明載。但到涼州時，已是咸和八年（333），而在梁州就已停留七年，則耿訪出使，很可能在東晉明帝太寧末年，成帝咸和初年。是時，占據關中地區的是前趙劉氏。這次出使西行路線，亦當是耿訪於「永嘉之亂」後，由長安奔漢中、自漢中東下入建康之道。[22]此道必過襄陽。而東晉使人到梁州，亦必取道襄陽而過。所謂「驛道不通」，當非指道路本身崩壞不能，而是東晉使臣要通過統治關中地區的王國，前去與遠在河西走廊的前涼通使，必遭猜忌，且此時前趙劉氏正與石勒在關中激戰。故受阻而留梁州七年。但後來耿訪將東晉詔書交付隴西人賈陵，令其「托為賈客」。《資治通鑑》說的更直接，是「詐為賈客」，也就是偽裝成「互市人」，所以能到達長安。這亦足以證明過去七年不通，並不是道路本身問題。當石勒滅前趙劉氏、占據關中後，恢復了與東晉的互市，此道又得開通。但賈陵等到了長安後，卻「不敢進」

21　《晉書》卷八六《張軌傳附張駿傳》，第 2238-2239 頁；《資治通鑑・晉紀十七》「成帝咸和八年」條。

22　嚴耕望：《唐代長安南山谷道驛程述》，載《唐代研究叢稿》（新亞研究所 1969 年版），考長安、南山通漢中、楚、蜀諸道共五條，可作參考。

向涼州。其原因，我想除了這個時期占據關中的後趙石氏政權與前涼之間的戰爭對峙外，可能還應是因為他們是來自東晉的「互市人」，到了長安後，不會輕易允許其再向西去涼州之故。直到東晉成帝咸和八年（333），賈陵等才到涼州。賈陵由長安去涼州，當亦是偽裝「互市人」，方能到達。

張駿得到東晉詔書後，又回報東晉：

遣部曲督王豐等報謝，並遣（賈）陵歸……（咸和）九年，（東晉）復使（耿）訪隨（王）豐等，齎印板進駿大將軍。自是每歲使命不絕……自後，駿遣使多為（石）季龍所獲，不達。後駿又遣護羌參軍陳寓、從事徐虓、華馭等至京師。

張駿使臣的通東晉路線，就是沿著賈陵等西行路線。使臣往來，也必是偽裝成「互市人」，以通過石趙統治區。這樣偽裝，依然是有極大風驗的，所以前涼使臣「多為季龍所獲」。但若不偽裝成「互市人」，則恐全為石虎所獲矣。

綜上所述，我們可以看到在東晉十六國時期，南北經濟交流的特殊形式是「互市」，「互市人」奔走其間，以進行貿易活動。東晉的襄陽設的「互市」，不僅是通向關中、河西走廊地區的經濟窗口，而且是思想、文化交流的窗口，奔走其間的「互市人」承擔起了這個交流任務。同時，這條道路還是將「絲綢之路」東段，由長安伸向東晉的路線。在政治上，這條路線又是溝通河西走廊與東晉政治聯繫的路線。

（原載中國唐史學會、湖北省社會科學院歷史研究所編《古代長江中游的經濟開發》，武漢出版社 1988 年版）

吐魯番出土北涼貲簿考釋

　　「貲」同「資」，本意即是「資產」。按照資產多寡劃分等第，據此以徵發賦役等等，是漢魏以迄於南北朝所通行的一種制度。居延出土漢簡中，已見漢代算貲簡。古樓蘭故地所出殘書信中，亦可見到西晉時期計貲制度的某些情況。吐魯番出土的十六國時期北涼貲簿殘片，為我們研究這一制度的演變以及北涼稅制，提供了寶貴的資料。同時，為貲簿某些細節的進一步考釋，提供了若干新情況。目前國內已見到的北涼貲簿殘卷，分藏在中國科學院圖書館及北京大學圖書館善本室，承有關方面大力支持，得以見到。今整理出來，提供大家研究。

　　一

　　中國科學院圖書館（以下簡稱科圖）所藏有關計貲制度文書計三件，原件照片及部分錄文首次發表在一九五八年上海人民出版社出版的賀昌群先生所著《漢唐間封建的國有土地制與均田制》一書中。此

後，日本學者池田溫、堀敏一也分別在他們的著作中引用了此件。[1]特別是池田溫氏對此作了許多有價值的說明。但由於當時尚缺乏有關文書供對比研究，故在釋文及問題的闡述上，都還存在著一些值得商榷的地方。今再次核對原件，並參照有關資料，重行釋文，整理排比。

科圖所藏共三件，均是兩面書寫，完殘程度不一，出土情況不明。據記載，是購自「二孟齋」，原出於新疆吐魯番縣勝金口。舊無整理編號，今暫分別定為科圖（一）、（二）、（三）。

科圖（一）較完整，紙寬約十二點二五釐米，由兩片紙黏接而成。一面記馮照、康豪二戶貲，今定為（a）面。二紙黏接縫揭開，前紙記馮照戶貲，計十二行，字呈藍黑色。後紙原將前部剪去若干，剩字七行，再與前紙黏接成卷，故康豪戶前一行「貲合二百六十三斛」八字粘壓於前紙第十二行「貲合二百五十七斛」之下。後紙七行，字均呈黑色。此黏接縫處背面押署「有慈」二字。又此紙末端背面亦見殘存押署「有慈」二字之左半側，當是原黏接之卷子脫落所致。兩處押署字均呈藍黑色。「有慈」二字當是造簿人名，為防作弊，故凡黏接縫處背部均押署為記。[2]另面書孝敬里齊都戶貲，字呈黑色，今定為（b）面。該戶貲合統計數右側略壓書於黏接縫上，且「貲」、「斛」二字右側壓書於黏接縫押署「有慈」二字之左側。從（a）、（b）面筆跡辨識，（a）面雖二紙黏合，且墨色似不一，然出自一人手筆。（b）面則是另一人手筆。

1　〔日〕池田溫：《〈西域文化研究第二敦煌吐魯番社會經濟資料（上）〉的批評與介紹》，載《史學雜志》第六十九卷第八號。〔日〕堀敏一：《均田制の研究》，日本岩波書店 1975 年版。

2　從吐魯番出土文書中可以看到，凡官文書黏接縫處背面均有造簿立籍者的簽署，以防作弊。

　　科圖（二）紙寬約十二點三釐米，一面書闞衍等戶貲，計殘剩十行，字呈黑色，筆跡與前馮照等戶同。今定為（a）面。另面書一闞名戶貲，殘剩七行，字呈黑色，筆跡與前孝敬里齊都戶相同。今定為（b）面。

　　科圖（三）是一銳角形之殘片，一面殘剩二行，字呈黑色，筆跡與前馮照、康豪、闞衍等戶相同。今定為（a）面。另面殘甚，不可辨識，今姑舍去。如上所述，可見此三件之（a）面，均出自一人之手筆。黏接縫背部押署雖或殘，或被掩蓋，但就筆鋒觀之，似仍出自前一人手筆。（b）面則出自另一人。

　　北京大學圖書館善本室所藏有關計貲文書共二件，過去宿白先生曾在其所編教材中作過部分簡介，舊題為「晉人書西陲田賦殘　，新城王氏舊藏，吐魯番出土」。據此知是清末曾在新疆為官多年的王樹枏攜至北京售與商人。二片舊無整理編號。其一原剪為鞋底樣，保存較為完整。今暫定為北（大）圖（一）。其一面書□預等戶貲，有字十七行。今定為（a）面。兩側紙邊背部分別殘剩押署「有慈」二字之左、右側。上述字均呈藍黑色。觀其筆跡及文書格式與前科圖（一）（a）馮照等戶，科圖（二）（a）闞衍等戶均同。另面殘剩馮法政、符震弘二戶貲，有字十二行，字呈黑色。今定為（b）面。其筆跡與前科圖（一）（b）孝敬里齊都戶相同。其二原剪成一鞋幫樣，由四片殘紙黏接而成。分別定為北（大）圖（二）、（三）、（四）、（五）。北（大）圖（二）一面記潘靖等戶貲，殘剩字十行，字呈黑色。細觀其筆跡與上述諸件均微異，似是出自第三人之手。今定為（a）面。另面記隗亙（氏）平等戶貲，殘剩十行，字呈黑色，有塗抹處，其筆跡則與前科圖（一）（b）孝敬里齊都戶、北（大）圖（一）（b）馮法政等戶相同。北（大）圖（三）一面記一闞名戶貲，殘剩五行，字呈黑色，筆跡與前科圖

（一）（a）馮照等戶、北（大）圖（一）（a）□預等戶相同。今定為（a）面。另面記韓登、韓昌二戶貲，殘剩三行，字呈黑色，其筆跡與前科圖（一）（b）孝敬里齊都戶、北（大）圖（一）（b）馮法政等戶相同。今定為（b）面。

北（大）圖（四）一面記一闕名戶貲，殘剩字三行，字呈黑色，筆跡與前科圖（一）（a）馮照等戶、北（大）圖（一）（a）□預等戶、（三）（a）闕名戶相同。今定為（a）面。另面亦記一闕名戶貲，殘剩四行，字呈黑色，筆跡與前科圖（一）（b）孝敬里齊都戶、北（大）圖（一）（b）馮法政等戶相同。今定為（b）面。

北（大）圖（五）一面記一闕名戶，殘剩 3 行，字呈黑色，其筆跡與科圖（一）（a）馮照等戶、北（大）圖（一）（a）□預等戶相同。今定為（a）面。另面殘剩三字，字呈黑色，字雖少，但筆跡仍與科圖（一）（b）孝敬里齊都戶、北（大）圖（一）（b）馮法政、符震弘等戶相同。

通過對科圖及北（大）圖所藏計貲文書的對比，我們可以判定，除北（大）圖（二）（a）潘靖等戶一面外，兩處所有五件本來就是分屬不同人先後所造的兩份貲簿。（a）面書法工整，抄錄格式謹嚴，黏接縫背部均有押署，故應是首次所造正式計貲文書。（b）面書法較潦草，並有塗改處，抄錄格式亦較紊亂，黏接縫處背部亦不見有押署。又上引北（大）圖（二）其（a）面筆跡不同於其他件之（a）面，而其（b）面筆跡又同於其他件之（b）面，故知凡所有（b）面均是另一人造孝敬里計貲文書時利用若干廢棄之舊貲簿重新黏接成卷，作再次統計之草稿用。由此推之，科圖三件亦很可能原來就是王樹枏所得之一部分。現在把這五件文書加以整理，按字跡、墨色、貲合多寡等排列，附錄於後，以供大家探討。

　　關於這批文書的定名，北大所藏舊題跋稱之為「田賦殘荊」，賀昌群先生稱之為「貲合」文書，池田溫、堀敏一二氏沿用了賀先生的定名。「荊」即契券[3]，與此實毫不相關。「文書」則是一種泛稱，非確切定名。根據劉宋大明年間羊希的建議，凡官吏及「百姓」，按規定占有山澤，「皆依定格，條上貲簿」[4]。表明劉宋時，計算貲產的文書就叫貲簿。而北（大）圖（二）（a）潘靖等戶計貲中，末處記：

貲合八十斛　　薄（簿）後別

與前引互證，此一文書的定名應為「貲簿」。

　　這幾份貲簿本身殘缺，又輾轉收購，出土情況不明，但據有關記載，都提及出自吐魯番。又貲簿中統計各戶田、園，其上有的標明為「田地」者，應指該項田、園坐落在田地縣。[5]而其餘大部則未標明所在處，我們認為應即在造簿所在地。科圖（一）（b）齊都戶貲合末尾記：

　　——右孝敬里

表明乃是孝敬里所造貲簿。吐魯番出土 63TAM1，西涼建初十四年韓渠妻隨葬衣物疏內記有：

高昌郡高縣都鄉孝敬里民韓渠妻絕命早終

3　　王先謙：《釋名疏證補》卷六《釋書契》第十九。

4　　《宋書》卷五四《羊玄保附兄子希傳》，中華書局 1974 年版，第 1537 頁。

5　　田地縣在唐為柳中縣，今新疆維吾爾自治區鄯善縣東南魯克沁一帶。

「高縣」之「高」下當脫一「昌」字。可知凡（b）面均是高昌縣下都鄉孝敬里所造該裡貲簿之草稿。（a）面第一次所造正式貲簿目下雖不能斷言即是孝敬里所造，亦必然是高昌縣下某里所造。

在解決貲簿的定名及造簿地點問題後，更有必要進一步解決造簿時代問題。賀昌群先生說：「據其字跡觀察，當是北朝末至唐初之物。」[6] 池田溫氏說：「大體是高昌末年時期之物。」[7] 堀敏一氏說：「這是在吐魯番建國的高昌國的文書。」[8] 池田、堀氏並用它來論證麴氏高昌時期租佃關係的發展。提法雖不盡同，但都傾向於是麴氏高昌時期所造。

如前所述，這幾份貲簿出自三人手筆。但總觀其書法風格卻是一致的，都帶有較濃厚的隸意，所謂「波磔」之味頗重。從書法史的角度來講，正是處於隸書向真書演變的階段，當屬東晉十六國時期。北大所藏貲簿舊題跋稱為「晉人書」的說法，當也是據書法判斷。目前，我們已掌握了大量十六國時期、麴氏高昌到唐代中期的官私文書、古籍及佛經抄本，大體上了解了高昌地區在上述三個不同歷史時期書法風格的演變規律，可以看出貲簿的書法風格明顯地不同於麴氏高昌和唐代。如果把它同吐魯番出土的西涼建初七年《妙法蓮華經第一》、《北涼承玄二年妙法蓮華經方便品》、《北涼太緣二年佛說首楞嚴三昧經下》、《北涼承平十五年佛說菩薩藏經第一》等抄本相比較，即可看出不僅書法風格極為相似，且手抄本佛經中所通行的六朝別字及異體字，同樣出現在貲簿中。誠然，書法風格的變化有其自身的獨特規

6　賀昌群：《漢唐間封建的國有土地制與均田制》，上海人民出版社 1958 年版，第 106 頁。

7　〔日〕池由溫：《〈西域文化研究第二敦煌吐魯番社會經濟資料（上）〉的批評與介紹》。

8　〔日〕堀敏一：《均田制の研究》，日本岩波書店 1975 年版。

律，當時統治該地區的政權易姓頻繁也不盡能引起書法風格的立刻變化，因此還必須從貲簿本身的內涵去考察，才能找到更為重要的依據。

　　貲簿內多處提到田地縣，史稱前涼張駿於東晉成帝咸和二年（327）「置高昌郡，立田地縣」[9]，田地之名始見於此時。又貲簿內關於「石田」的記載，為數頗多，據史書所記，前涼張駿世推行治理「石田」。[10]貲簿內大量「石田」的出現，疑與此有關。以上說明貲簿成立時代的上限，不能早於張駿世則是毫無疑問的了。

　　我們還看到貲簿內關於田的類別記載，除「常田」、「潢田」、「鹵田」外，還有眾多的「石田」、「無他田」、「沙車田」。這種類別劃分制度，必然是依據當時當地生產特點與民間習俗而定的。但其中除「常田」、「潢田」之外，其餘諸如「石田」、「沙車田」、「無他田」等，均不見於麴氏高昌及唐代文書中。反之，麴氏高昌及唐代所習見的「部田」以及「薄田」亦不見於貲簿中。「石田」等類到後代消失，當然只是名稱的消失；生產的發展，以及民間習俗的相應改變，引起了制度名稱的改變，「石田」之類或許已分別歸納入「部田」，或「薄田」之中了。這種習俗與制度名稱的差異，正反映了時代的不同，表明貲簿並非麴氏高昌到唐代之物。

　　貲簿的（a）面第一次所造正式貲簿及黏接縫背部押署如前所述，有不少字墨色呈藍黑，大約在書寫過程中滲用了某種藍色顏料，這正是吐魯番所出土十六國文書中的一個特點。目前吐魯番出土文書中，有十六份藍色（或藍黑色）書寫的官、私文書，其中標明為西涼、北涼年號的官文書就占九件之多，這種現象在大量麴氏高昌到唐代的文

9　　徐堅：《初學記》卷八引顧野王《輿地志》。

10　《魏書》卷九九《張寔附子駿傳》，中華書局1974年版，第2194頁。

書中，則屬罕見的。根據這些特點，我們推斷造此貲簿的時代必在麴氏高昌以前，當屬十六國時期據有吐魯番盆地的某個小王朝。

十六國時期統治過吐魯番盆地的小王朝頗多，根據文獻及出土文書可知自前涼張氏於太清十四年（376）亡後，相繼占有該地區的有前秦苻氏、後涼呂氏、西涼李氏、北涼段業及沮渠氏，以及自立為高昌太守的闞爽。就中除前涼外，統治吐魯番盆地時間較長的為西涼及北涼。貲簿造作時代究屬上述哪一小王朝，推斷雖有困難，但究非毫無蛛絲馬跡可尋。

貲簿中，北（大）圖（三）（a）記：

出郡上鹵田二畝 ⬚⬚⬚⬚

又見北（大）圖（一）（b）記：

田地郡下鹵田廿二畝

前者「郡上」之「郡」未標郡名，據前考，應指高昌郡。貲簿中田地之名多見，據前考，應指田地縣。那麼此處「田地郡」應作何解？史載麴嘉之子，一為交河公，一為田地公。[11]麴氏高昌時期墓誌中，亦見有田地郡之名，而此前不見文獻記載。本件既記有田地郡，似乎時代要推後，但麴氏高昌時有田地郡，並不能認為此時始置田地郡。

在沮渠無諱進入高昌前，據有此地的闞爽只自稱「高昌太守」，可知自東晉咸和二年直到此時，吐魯番盆地只置高昌一郡。但直到闞

11　《周書》卷五《高昌傳》，中華書局 1971 年版，第 914 頁。

爽，高昌是北涼所屬的一個郡，而沮渠無諱進入高昌後情況不同了，據《北涼承平三年（445）沮渠安周造寺碑》，本年他已稱涼王[12]，涼王的位號下只有一個郡是不太相稱的。史籍記載，沮渠無諱先在敦煌，為北魏所逼，他先命弟安周率五千人西伐鄯善，繼又率萬餘家棄敦煌西就安周。[13]後又率眾由鄯善進入高昌，這時雖由於戰爭和「渡流沙，士卒渴死者大半」[14]，估計到達高昌的人數仍然很多。到了承平六年（448），安周又和柔然合兵攻占車師前部王城。[15]涼王領域內人口激增，疆土擴大，增設郡縣也就是意中之事了。因此，我們認為田地、交河二郡均在承平年間設置，田地似更設置在前。麴氏高昌只是沿沮渠氏之舊而已。

又北（大）圖（一）（b）中，有一侯暹，此名又見於哈拉和卓96號墓所出「倉吏侯暹啟」中，很可能是同一人。該墓已據新疆博物館考定，斷為北涼時期墓葬。[16]

根據上、下紙邊保存較完整的科圖（一）、（二）兩件實測，寬度分別為一二點二五釐米至一二點三釐米左右。今以標明北涼年號紙校之，其紙寬實測得大約在二四點三釐米至二四點八釐米之間。[17]表明貲簿乃用齊腰裁為兩段的紙書寫，黏接成卷。作為正式官文書如此節省用紙之制，不僅不見於麴氏高昌及唐代，在十六國文書中亦僅此一見。或許與北涼孤據吐魯番盆地後，本地造紙產量有限，而外地來源

12　王樹枏：《新疆訪古錄》。

13　參閱《宋書》卷九八《氐胡傳》，第2417頁。

14　《魏書》卷九九《沮渠傳》，第2210頁。

15　參閱《魏書》卷三《車伊洛傳》，第723頁。

16　新疆博物館：《吐魯番哈拉和卓古墓群發掘簡報》，載《文物》1978年第六期。

17　原紙存新疆博物館。

也因北魏占領整個河西走廊後日益枯竭有關。

　　根據以上分析，我們有理由認為這幾份貲簿很可能就是北涼殘余政權承平年間（443-460）所造。

　　這幾份貲簿雖然殘缺，又乏文獻可征引，但仍然能從中窺見若干當時計貲制度的主要內容和公文程式的特點。計貲的統計以里為單位，按戶計算。首標人名，其下記錄各色田、園若干，貲合若干，其形制與居延所出算貲簡相似[18]，由此可見其承襲關係。馮照一戶內又記有馮興、馮泮二人田、園各若干，當是反映合戶共籍異財現象的存在。[19]闞衍等戶貲簿內記：

　　　　道人知達常田七畝貲廿一斛寄（寄）貲

則應是知達因故將田寄托某人代理，故一面須將此項田產貲合數記入所寄戶貲合總數內，同時又注明是「寄貲」，以明產權歸屬。

　　關於「寄貲」之名，最早見於古樓蘭所出西晉殘書信中：

　　　　乃當下貲詑及露車一乘，與沙麻巨寫平議，與李叔平使寄，約當使無他，今得故月廿日書，車皆當自著□，為當取還何如……秋瓜不欲上著貲，當取更寄之，今縣 ▢▢▢▢ 爾在府下，與今防設督郵覆行，沙麻 ▢▢▢▢ 有諱錯，當作何計？[20]

18　勞幹：《居延漢簡考釋》所載侯長禮忠算貲簡。

19　這種情況直到唐代還存在，將在另文中論及。

20　August Conrady: Die Chinesesis Chen and Schrirten-UND Sonstigen Kleinfunde Sven Hedins in Loulan, P.81.

這裡表明物主不欲自「著貲」時，則「寄」於他人名下，並因之付出一定代價，將所「寄」之露車供受寄戶使用。從信中云政府規定「車皆當自著貲」以及「寄」後又怕官府查出，擔心「有諱錯」，可以看出國家是限制「寄」貲的。我們認為這種現象的出現，是因西晉戶調的徵收，是採用計貲方式。《晉書·食貨志》云：「每戶納絹三匹，綿三斤。」但在具體徵收時，則「書為公賦，九品相通」[21]。即按貲產多寡，分為九等來徵收。故人戶往往採取分散財產的辦法，以降低等第，減少交納的戶調。被寄之戶之所以接受「寄」貲，當因有某種特權，可以蔭蔽，並因受寄而獲得某些好處，否則不會情願因此而增加自己的戶調負擔。政府之所以禁止，而以「督郵覆行」，則是防止通過寄貲方式逃避戶調等的徵收，而造成國家賦稅收入的減少。

此處貲簿中出現的道人知達「寄貲」，已公開寫進簿書之中的現象，顯然是合乎當時法令的，其原因或與前述有關，或因故不能自理而托寄他人，故在簿書中注明「寄貲」。

貲簿中所反映的計貲對象，看來是包括各色類別的田、園。我們知道漢代的計貲除土地外，還包括房屋、奴婢、牲口、車輛等，當時南朝的宋、齊至少也包括房屋、桑樹。我們還不了解十六國時期的北方是否存在過這種只計土地的計貲辦法，也還弄不清當時除了這種計算土地的貲簿外，是否另有以房屋、奴婢、牲口、車輛等合貲的貲簿。推測起來應該還有，我們從上引古樓蘭所出文書中，看到「車」已是著貲的，而且上自漢代，旁及南朝無不計及土地以外的貲。

按貲簿所記，當時把田分為「常田」、「鹵田」、「潢田」、「石田」、「無他田」、「沙車田」等幾個主要類型，並構成計貲的不同等級，正如

21　徐堅：《初學記》卷二七《寶器部·絹》第九引《晉故事》。

池田溫所指出：「將田地面積按一定比率換算為貲額。」這種劃分必以土質、水源諸條件，以及由此所決定的產量為依據。目前限於資料，同時對該地區農業發展的歷史缺乏了解，要正確解釋這些類型土地的等級、貲額均有困難。此處據有關資料及池田溫氏的考證略作解釋。

「常田」，過去僅據唐西州戶籍中永業田一項的腳注，有云是「常田」，故推斷「常田」即「永業田」。[22]其實舊出西州籍中早已見有以「部田」、「潢田」充永業。[23]永業田是唐代均田制中相對於「口分田」的專名，而「常田」則是指某種等級的土地。也有同仁據「常」字解釋為恆常可耕，無需輪休的土地。今檢麴氏高昌到唐代的租佃契約，凡佃「常田」租納實物者，皆分夏、秋兩季交納。雖然租額有差別，但都規定夏到五月交大麥，秋至十月交床或粟，表明這類土地一歲可種兩造。而凡是佃「部田」租納實物者，只交一季租，表明一歲只可種一造。據《北史·高昌傳》記：「厥土良沃，穀麥一歲再熟。」當即是指此「常田」而言。故從貲簿中看到「常田」計貲最高，一畝三斛。

「潢田」，「潢」字本意指蓄水之小塘，是一種灌溉用水利設施。[24]故張平子《南都賦》云：「朝雲不興，而潢潦獨臻，決渫則暵，為溉為陸。」[25]馬雍在考釋吐魯番出土麴氏高昌時所立「寧朔將軍麴斌造寺碑」時，曾據對「潢」字的考釋，從而斷定「潢田」「應當指靠潢水灌溉的田」[26]。現引有關「潢田」記載如下：

22　賀昌群：《漢唐間封建的國有土地制與均田制》，上海人民出版社 1958 年版。

23　中國科學院歷史研究所資料室編：《敦煌資料》第一輯，戶籍類引 S.6090《柳中縣戶籍殘卷》，中華書局 1961 年版。按定名有誤，實為西州高昌縣戶籍殘卷。

24　《左傳正義·隱公三年》注引服虔曰，《十三經注疏》本。釋玄應：《一切經音義》卷一七《阿毗曇毗婆沙論》第八卷引《說文》，《叢書集成》本。

25　《昭明文選》卷四。

26　馬雍：《麴斌造寺碑所反映的高昌土地問題》，載《文物》1976 年第十二期。

　　壹段叄畝潢田　　城東卅裡柳中縣魏略渠　東廢寺　西至渠　南至
荒　北至渠

　　壹段壹畝潢田　　城東卅裡柳中縣　東至渠　西康義才南至渠　北
曹龍達

　　壹段壹畝半潢田　　城東卅裡柳中縣杜渠　東安君善西安善　南至
荒　北康海龍[27]

一、三兩則注明此二段潢田分屬柳中縣的魏略及杜渠灌溉系統，且一
則所記潢田有西、北二至鄰渠，二則一段潢田雖未標明屬何渠灌溉系
統，但四至中，有東、南二至鄰渠。此三段潢田共計五點五畝，都不
與「潢」相鄰，又明指靠渠水灌溉，這種絕非偶然的現象，正表明「潢
田」之得名，並非近潢，依靠潢水灌溉。麴斌造寺碑中所見「寺下潢
田」四至記載，與馬雍據碑文所記繪制的「設想圖」也未能明顯證實
這塊「潢田」與「潢」相鄰。那麼「潢田」的確切含義就有必要重作
解釋了。

　　「潢」或作「湟」。《夏小正》云：「湟潦生蘋，湟下處也，有湟然
後有潦，有潦而後有蘋草。」[28]可見「潢」字本意包含有「下處」之意。
因而那些由於地勢低窪，又近渠潢，或平時由於渠、潢水的滲透，或
在行水澆灌之時，易於造成水浸漬現象的土地，被稱為潢田。承程喜
霖見告，今河南息縣尚將水浸漬的低窪地稱之為「潢田」。[29]高昌地區
主要種麥、、粟之類旱地作物，而水浸漬則影響作物生長，故其產量
必低於「常田」。在出土唐代文書中，我們看到有關「常田」與「潢田」

27　本件出自吐魯番，編號為72TAM189：14，存新疆博物館，尚未公開發表。

28　《大戴禮記》卷二《夏小正》第四七「七月」條。

29　承程嘉霖見告，今河南息縣尚將水浸漬的低窪地稱之為「潢田」。

比價材料二則：

一段壹畝捌拾步^{潧田折}_{常　田}□□□³⁰

大女張買是一段貳畝^{潧田折}_{田　壹}□□□³¹

根據第一則，第二則闕字可補全，應是「（貳畝）潧田折 常 田壹折 畝 」。此雖是唐制，但仍可見潧田必次於常田。這種差別的造成必非水源之不同，而是由各自產量所決定。根據貲簿的記載，潧田每畝計貲二斛。

「石田」，此名古已有之。《左傳》已記伍子胥語：「得志於齊，猶獲石田也，無所用之。」隋末祖君彥為李密檄煬帝文云：「石田得而無堪，雞肋啖而何用。」[32]這裡「石田」是作為無用之代詞。又見屠本《十六國春秋》記董景道語：「吾在方山中，草木可以庇風雨，石田可以見饘粥。」[33]此處所云則是一種低產田。史載前涼張駿世曾在境內推行治理「石田」，當時參軍索孚持異議，云：「今欲徙石為田，運土殖谷，計所損用，畝盈百石，所收不過三石而已。」[34]這裡所議，當指前涼境內之事。高昌「地多石磧」[35]，隨著人口增多，生產發展，勢必要進行改造「石磧」——戈壁灘的生產活動。據索孚所說石田的治理一是「徙

30　〔日〕西域文化研究會：《敦煌吐魯番社會經濟資料》（上），圖版十八，大谷2826號，日本京都法藏館1959年版。

31　《敦煌吐魯番社會經濟資料》（上），圖版二十九，大谷1237號。

32　《左傳正義》卷五八《哀公十一年》，《十三經注疏》本。

33　案此條不見於湯球所輯《十六國春秋》，亦不見於《晉書》本傳，檢《太平御覽》亦未見此條。惟見於屠本，明人所見古書，亦較後世為多，此條亦必有所本。

34　《魏書》卷八七《張寔附子駿傳》，第2194-2195頁。

35　《魏書》卷一○一《高昌傳》，第2243頁。

石」，二是「運土」，有類於今日改造戈壁灘的某些做法，但費工，收獲亦不高，故貲簿所記，每畝二斛。

「無他田」，「無」字，賀昌群先生及池田、堀二氏均釋作「其」，實誤。吐魯番所出六朝人寫經中，「無」字皆作「無」。「他」字本作「它」，亦作「佗」。後漢光武帝詔隗囂云：「若束手自詣，父子相見，保無佗也。」[36]前所引樓蘭所出殘書信中所云將車給與所寄貲之人使用的條件是「當使無他」。故「無他」即無災禍、損害之意。因而「無他田」從字面上講可釋作無有災害的田，其等級似應與「常田」相當。據池田溫氏考證，每畝計貲三斛。但它與常田應有何種區別？又見貲簿記有「無他洀（渠）田」、「無他潢田」，應作何種解釋？限於資料，目前尚難貿然推論。

「沙車田」，此類不見於史書記載，但據貲簿所記，凡「沙車田」上，皆冠以「田地」二字，可見此類田不見於高昌縣，惟田地縣有之。田地縣東南為大砂磧，唐之大沙海即是。[37]可能這類田即是沙磧邊沿地帶開發出的。據池田溫氏考證，每畝計貲二斛。

「鹵田」，當即鹽鹼地。據池田溫氏考證每畝亦計貲二斛。

計貲對象中另一大類則是經營多年生的種植園，包括葡萄、棗、桑之類。高昌地區盛產葡萄、桑、棗已見於古籍及出土文書，貲簿中所見，亦是按畝計貲。但具體數字，不見記載，池田溫氏的推算，桑、葡萄、棗每畝計貲亦是三斛。今據貲簿所記，尚可補證棗、桑的計貲材料。見於貲簿中馮照戶內記：

36　《後漢書》卷一三《隗囂傳》，中華書局 1965 年版，第 530 頁。

37　《鳴沙石室佚書》之《西州圖經》。

　　田地枯棗五畝，破為石田，畝二斛

可見枯棗一畝猶計貲二斛，則棗之計貲必高於石田。又看闞衍戶內記：

　　田地棗十三畝半　　三斛

又似指棗一畝計貲三斛而言。又□預戶內記：

　　得馮屮（之）桑一畝半　　貲五斛

若以畝數除計貲數，則商數小數點後是一循環數，故當是因某種情況，不按照規定計貲，有所變通。但結合池田溫氏考證，並據此推測，很可能桑每畝亦計貲三斛。

　　這種計貲方法與南朝顯然不同。劉宋時人周朗說：「乃令桑長一尺，圍以為價。」[38]蕭子良說，南齊之制是「圍桑」，「以准貲課」[39]。表明劉宋、南齊均是隨著桑樹的生長而增加貲額，本件的特點則是按畝折成一固定數。

　　分類是為計貲提供依據，因此貲簿內要詳記何色田、園。北（大）圖（二）（a）所記「新開田半畝種桑」，即是指明這塊新開的田作桑園，按此類別計貲。同號貲簿內所記「空地一畝一斛」，則有強制耕作，杜絕空荒，增加計貲收入之意。

38　《宋書》卷八二《周朗傳》，中華書局 1972 版，第 2094 頁。

39　《南齊書》卷四《蕭子良傳》，中華書局 1972 年版，第 696 頁。

　　在計貲過程中還有若干變通的特殊規定，也是值得注意的。如科圖（二）（b）所記：

　　貲合二百廿一斛五斗
　　　八十九斛☐☐☐除
　　其
　　　百卅☐☐☐

　　該戶貲合達二百余斛，當然是個地主。「除」即「復除」。顧憲之說南齊「凡有貲者，多是士人復除」[40]。由是推斷該戶很可能就是享有著「復除」特權的「士人」，從而表明當時的北涼統治者規定了某些地主享受「復除」特權。

　　計貲對象是田、園，為確保實行計貲制度的關鍵則是牢固掌握各戶田、園產權的轉移動態。當戶內出賣了土地，要注明何色田、園若干畝入何人，而買進戶內則必須注明得何人何色田、園若干。貲簿中，闞衍戶內記載常田「七畝入馮泮」，則馮照戶內記「得闞衍常田七畝」。又韓登戶內記「出桑一畝入韓昌」，其後韓昌戶內記「得韓登桑一畝」[41]。其餘各戶因殘缺過甚，未能一一核對，但此二件土地產權轉移記錄已足以表明計貲制度的關鍵所在。一戶內所有土地的變化，該戶「貲合」總額亦隨之變化。北（大）圖（二）（b）所記：

　　☐宋？☐通息桑二畝入張得成

40　《南齊書》卷四六《陸慧曉附顧憲之傳》，中華書局 1972 年版，第 808 頁。
41　按韓登戶名已闕，但據內容所記，可補韓登戶名。

貲盡

表明宋通息僅有的二畝桑已「入」張得成戶，故無貲可計。

關於貲簿中「出」、「入」及「得」的記載頻繁出現，池田及堀二氏已作了詳盡的說明[42]，在這裡試圖作另種解釋的嘗試。根據前面考查計貲制度的實質及特點，即根據人戶貲產多寡而定，產權的轉移，隨之計貲額亦發生變化，因此上述的現象只能說明當時土地買賣，兼並盛行。故可將「出」、「入」解為「出賣」和「以入」，將「得」解為「買得」。貲簿中的這種記載，正是為了掌握產權的轉移情況，以保證稅收。以里為單位的各戶計貲完畢後，結尾先書「扣竟」，次書「校竟」。應是貲簿完畢的公文程式。「扣」與「叩」同音通用。《史記・伯夷傳》云：「叩馬而諫。」《左傳・襄公十八年》云：「太子與郭榮扣馬。」可見二字古代通用。《論語》子罕云：「我叩其兩端而竭焉。」故此處「扣竟」也即詢問，調查各戶貲產，「條上貲簿」的手續已完畢之意。「校」本指校對，「校竟」即查對完畢。我們還看到北涼時期寫經，後亦寫上「校竟」二字。[43]經過最後這道手續，貲簿也就制定出來了。

盡管北涼或稍後時期貲簿只有此件，又乏文獻可引征，但從上我們可以看到當時實行著一套嚴密的計貲制度，它上承漢晉，而與南朝

---

42 池田溫：《〈西域文化研究第二敦煌吐魯番社會經濟資料（上）〉的批評與介紹》；堀敏一：《均田制の研究》。池田氏認為是「相互間的租佃關係，所以一方面算入現實耕作者，即得者的貲額，又要附書於出者的名的原因。大約所有權還保留在出者手中之故」。堀氏發揮了這一見解並來論證麴氏高昌時期租佃關係的發展。但所見麴氏高昌時期，凡義和、重光年號以前租佃契中皆規定田主所應負之義務，皆云「貲租百役，仰田主了」，確又表明即使在租佃關係下，計貲仍據產權屬田主，而向田主徵收，與佃人無關。

43 《書道全集》三，北涼承平十五年，《佛說菩薩藏經第一》。

又有相異之處。計貲既然是按各戶財產合徵收賦稅，似乎多少體現了一些平等，但在封建社會內，階級的對抗使這種「平等」沒有任何實際意義。首先，我們看到貲簿中所反映的是總的貲額偏低。如常田，一年兩造，一畝計貲只三斛。但在租佃契中，雖是麴氏高昌時期，若交實物，還須兩季共交麥、床（或粟）達十斛之多。又如石田，據索孚所說每畝「所收不過三石」。索孚反對治石田，故極言其弊，必不會誇大石田產量，但計貲亦只每畝二斛。其次，我們看到好田與壞田的比較，好田又相對較次田計貲為低。如上所引常田、石田材料，無疑是常田相對於石田計貲偏低。而這兩點都是有利於那些占有土地面積大、土質好的地主階級的。我們還看到貲簿中有「復除」的記載，某些享受特權的地主還可據此逃避計貲征稅。因而盡管實行計貲制度，但沉重的封建剝削還是落在貧苦農民的身上。

新博多年在吐魯番地區的考古工作，收獲頗大，並正在整理的過程中，其間頗不乏有關北涼計貲制度的文書。在這裡殷切希望能早日出版，以供這一問題的研究得以在深度和廣度上展開。

最後，我應當向宿白教授和北大圖書館善本書室的同仁殷切致謝，沒有他們的幫助，本文是不可能寫出來的。

附錄

北涼承平年間（443-460？）
高昌郡高昌縣貲簿

一、□預等戶貲簿

（一）

（前缺）

1.苜（苜）宿（蓿）四畝空地一畝半□□□□

2.貲合二百廿八斛 五 □

3.□預蒲陶十畝半破三畝 半 □□□□

4.桑八畝半　常田十六畝□□□□

5.無他田五畝

6.田地桑一畝空地二畝入田地□□□□

7.得馮善㥷（愛）蒲陶二畝常□□□□

8.桑一畝半入張菜奴

9.田地桑一畝半棗一畝半空□□□□

10.得道人頹（願）道常田五畝半以四畝□□□□

11.得吳逢鹵田十畝

12.得馮虫（之）桑田一畝半貲五斛

13.得貫得奴田地鹵田三畝半

14.田地沙車田五畝

15.無他源（渠）田五畞

16.得齊湴鹵田十一畞

17.貲合二百五十七斛[44]

〔北（大）圖（一）（a）〕

（二）

1.馮照蒲陶二畞半　桑二畞

2.常田十畞半

3.無他田十五畞

4.田地枯棗五畞破為石田畞二斛

5.興蒲陶二畞半桑二畞

6.常田十八畞半　無他田七畞

7.泮桑二畞半

8.得張阿典（興）蒲陶二畞半

9.得闞衍常田七畞

10.得韓千哉田地沙車田五畞

11.得張緒無他田四畞半𠦄（瓜）二畞半

12.貲合二百五十七斛

13.貲合二百六十三斛[45]

14.康豪得田地沖辛禮蒲陶五畞

15.得韓豐田地蒲陶五畞

16.棗十畞　得牛纖常田五畞

44　第十七行及背兩側黏接縫押署字跡均呈藍黑色。

45　此行八字原黏壓於前一行下，此處黏接縫背部押署「有慈」二字，又此行前的第十二
　　行及背部押署字跡均呈藍黑色，餘字跡呈黑色。

17.得闞桃保田地桑六畞入韓豐

18.得闞榮典田地常田五畞半

19.得闞戠田地桑半畞蒲陶一畞鹵田十畞入

20. _____ 貫 □

（後缺）

〔科圖（一）（a）〕

（三）

（前缺）

1.次常_____

2.得范周_____

3.得畫猗奴_____

4.田地沙車田_____

5.道人知逢常田七畞貲廿一斛寄（寄）貲

6.貲合二百卅三斛五斗

7.闞衍　桑四畞

8.常十七畞　七畞入馮泮

9.鹵田十八畞半畞地棗十三畞半三斛

10.蒲 陶 _____ 畞二斛

（後缺）

〔科圖（二）（a）〕

（四）

（前缺）

1._____ 無 他 田

2.☐☐☐無他田四畝

（後缺）

〔科圖（三）（a）〕

（五）

（前缺）

1.☐☐☐常田六畝半

2.☐☐☐入趙顯

3.☐☐☐畝

（後缺）

〔北（大）圖（五）（a）〕

（六）

（前缺）

1.蒲陶五畝半　桑廿畝

2.常田十四畝半　無他潢田十二畝

3.無他田五畝

（後缺）

〔北（大）圖（四）（a）〕

（七）

（前缺）

1.出郡上鹵田二畝☐☐☐

2.出蒲陶二畝入黃良

3.出桑四畝入黃良

4.出常田七畝入黃良

5.＿＿＿＿入黃良

　　（後缺）

〔北（大）圖（三）（a）〕

二、潘靖等戶貲簿

　　（前缺）

1.＿＿＿＿鹵田廿一畝

2.田地棗六畝半蒲陶六畝半

3.空地一畝一斛

4.新開田半畝種桑

5.貲合二百一＿＿＿＿

6.潘靖常田六畝

7.桑三畝　　鹵＿＿＿＿

8.得道人曇普桑二畝半

9.貲合八十斛薄[46]後別

10.＿＿＿＿六畝　蒲陶五畝半

　　（後缺）

〔北（大）圖（二）（a）〕

46　薄，即「簿」字。

三、孝敬里馮法政等戶貲簿

（一）

（前缺）

1.……有……………………慈[47]……

2.馮法政　常田四畝

3.貲合十二斛

4.符震弘常田七畝半

5.石田九畝　蒲陶三畝半

6.田地桑二畝　田地常田卅畝

7.田地郡下鹵田廿二畝

8.得廉煩（願）田地桑二畝

9.得田地道人僧威常田[48]

10.得王𦱣（整）田地桑一畝空地

11.□張慈桑一畝半

12.…有………………慈……

〔北（大）圖（一）（b）〕

（二）

（前缺）

1.　　　桑一畝半

2.得沙車石田半畝

47　此紙首尾端押署字呈藍黑色。

48　「田」字下殘剩字非「二」即「三」。

3. 貲合廿八斛

4. 隗丘（氏）平桑二畝入 ☐☐

5. 庚暹桑二畝 ☐☐

6. 出棗兩畝半入史 ☐☐

7. ☐☐ 貲合廿斛

8. 宋? 通息桑二畝入張得成

9. 貲盡

10. ☐☐ 得 ☒ 道人惠並常田二畝半入張

　　（後缺）

〔北（大）圖（二）（b）〕

（三）

　　（前缺）

1. 出桑一畝入韓昌[49]

2. 貲合廿六斛

3. 韓 昌 得 韓 登 桑 一 畝

　　（後缺）

〔北（大）圖（三）（b）〕

（四）

　　（前缺）

1. ☐ 合 ☐☐

2. ☐☐ 桑三畝半

49　按韓登戶名已闕，但據內容所記，可補韓登戶名。

3. ⬚田三畝

4. □合 廿 [50] 斛

    （後缺）

〔北（大）圖（四）（b）〕

（五）

    （前缺）

1. ⬚桑四畝

    （後缺）

〔北（大）圖（五）（b）〕

（六）

    （前缺）

1. 得呂⬚田一畝半

2. 出鹵田四畝入田地道人惠政

3. 出鹵田四畝入宋居

4. 貲合二百廿一斛五斗

    八十九 斛 ⬚除

5. 其

    百卅⬚

〔科圖（二）（b）〕

50　此字殘，非「廿」即「卅」。據戶內所記推算，疑為「廿」字。

（七）

（前缺）

1. 齊都鹵田八畝半常田七畝

2. 棗七畝石田三畝桑二畝半

3. 得吳並鹵田四畝半

4. ……貲有……合……八……十……斛慈[51]

5. ——右孝敬里

6. 扣　　竟

7. 校　　竟

8. 有……慈……

〔科圖（一）（b）〕

（原載《武漢大學學報》〔哲學社會科學版〕1980 年第 4 期）

51　此行「貲」、「斛」二字右側壓書於「有」、「慈」二字左側上。

吐魯番出土文書中所見的
北涼「按賞配生馬」制度

　　新疆吐魯番地區文管所於一九七九年發掘阿斯塔那古墓葬區時，獲得不少十六國時期的官、私文書。其中主要是北涼的文書，多為以前歷次發掘所未見者。這批文書具有重要的史料價值，為研究北涼政權的賦役制度、水利管理制度等問題，提供了重要的文字資料。

　　這批文書中，有一件辭，內容為：

　　緣禾六年二月廿日闞連興辭：所具貲馬，前取給虜使。使至赤尖，馬於彼不還。

　　辭達（達），隋請（？）給賈（價）。謹辭。

　　　　　　　　　　　　　　　　　　　　　　諜

辭中所押署之「諜」，又《吐魯番出土文書》第一冊所收哈拉和卓 91

號墓文書中的北涼某年《兵曹行罰幢校文書》[1]，北涼《建□（平）某年兵曹下高昌橫截田地三縣符為發騎守海事》[2]，北涼建平某年《兵曹條次往守海人名文書》[3]。故上引之「緣禾」，必為北涼所行用之年號無疑。辭中闞連興訴說「所具貲馬」被「虜使」乘騎到「赤尖」，沒有還給他，故而向官府申請「給賈（價）」。辭中提到「貲馬」一詞。在與之同時出土的北涼《緣禾五年民杜犢辭》中還見有關於「貲」、「馬」、「馬頭」等的記載。馬與「貲」相聯，合稱「貲馬」，此當與北涼的計貲制度有關。關於北涼的按土地等級分類計貲制度前已作過探討[4]，本文試對「貲馬」問題略加討論。

新疆博物館的同仁已將吐魯番哈拉和卓 91 號墓確定為北涼時期墓葬。[5]該墓共出四十四件文書，除一件有西涼建初四年紀年外，其餘據年號、押衙題名或有關內容，知皆為北涼王朝時物。其中一件紀年有脫損的文書記載：

1.建□□□□□到六月□□□□□
2.煎蘇鵁亡馬鞍（韉），至今不得。
3.□張有貲六斛，配生馬。去年五月廿九日買馬□

1　本件紀年殘，但文中押衙之「校曹主簿嘉」，又見於同墓所出「北涼義和三年兵曹條知治幢墼文書」中押衙「典軍主簿嘉」，故本件當作於北涼某年。又「諛」在此件中為「主簿」。

2　「諛」在此件中為「校曹主簿」。

3　本件紀年殘，「諛」在本件中亦為「校曹主簿」。本件之「兵曹掾趙苔」，亦見於上件中。又兩件皆云田地守海事。故本件當亦作於北涼之建平某年。

4　《吐魯番出土北涼貲簿考釋》，載《武漢大學學報》（哲學社會科學版）1980 年第四期。

5　《吐魯番哈拉和卓古墓群發掘簡報》，載《文物》1978 年第六期。下文中所引該墓出土文書參見《吐魯番出土文書》第一冊，文書之編號是整理者所加，後同。

　　　　（中缺）

4.貲一斛，次八月內買馬並賃馬都扣 貲 □

5.二月，馬谷草一皆不得。

6.趙士有貲六斛，配生馬，去八月內買馬賈（價）並

　　　　（後缺）

本件整理者在第一行「建□」二字下注云：「『建』下一字模糊，似是『平』字。」[6]承李征、馬雍協助多次查對文書原件，證實為「平」字無疑。在吐魯番出土文書中，「建平」年號已屢見，有記五年、六年的。今據考，「建平」是北涼沮渠牧犍於永（承）和五年或六年所改。牧犍又外奉魏之「正朔」，用「緣禾」年號。牧犍為北魏所滅之後，沮渠無諱等退據敦煌，並一度降魏，受其封號。此時闞爽在高昌地區自立為太守，沿用牧犍時之「緣禾」，故這批出土文中有「緣禾」十年的紀年。後沮渠無諱、安周等又叛北魏，取高昌，趕走了闞爽，西元四四三年無諱稱涼王，建元承平。從無諱等取高昌到稱涼王改元承平這段時間內，所用年號應是沮渠牧犍的「建平」，不會繼續沿用「緣禾」。

　　這件文簿中記「□張有貲六斛，配生馬」，「趙士有貲六斛，配生馬」。據這二則，其第四行「貲一斛」下當脫漏「配生馬」三字。以上記載表明北涼施行計貲制度的目的之一，就是按照貲的多寡「配生馬」。引文中最高貲合數不過六斛，大約相當於常田或是桑、棗、葡萄園二畝，或是沙車田、石田等三畝的貲合數。而僅有貲一斛的戶，他所有的田就更少了。另外，我們還看到同墓所出《劉□明啟》中記：

6　《吐魯番出土文書》第一冊，文物出版社 1981 年版，第 157 頁注。

劉、晁合貲具☐☐☐☐☐

馬頭，歲歲從伯☐☐☐☐☐☐[7]

看來還有兩戶「合貲」配養的現象。大約這兩戶貧窮，每人戶下合貲
額尚不到一斛，故需兩戶合貲「配生馬」。既是兩戶合養，應有一人負
責，這一人大約就稱為「馬頭」。

　　根據《緣禾五年杜犢辭》所記，杜「有貲七十八斛」，宋相明「有
貲十六斛」，二人之「有貲」也都與馬相聯。杜犢的貲合達七十八斛，
相當於常田二十六畝的貲合數，在高昌地區應是個中、小地主。杜犢
「自為馬頭」，而宋相明所「配生馬」，則屬於杜犢這個「馬頭」管理，
這大約是宋相明有貲數低於杜犢之故。

　　關於「配生馬」的含義，或釋「生馬」為「未調馴過的馬」。但據
前引文書，皆云按貲配，而非按有無馴馬技能配，故這種解釋未必恰
當。「生」字本義有養育之意[8]，在這裡，應釋為北涼政權根據「貲簿」
所計貲合數配養馬匹。前引建平某年文書即應是《按貲配生馬帳》。北
涼《緣禾六年闞連興辭》中「貲馬」的含義，即應是按照闞連興之貲
合數所配生馬。「貲馬」是將官馬按貲配給各戶養，還是由被配戶自
備，不見於史籍記載，出土文書中的記載也含糊不清。根據哈拉和卓
91號墓出土的《馮淵上主將啟為馬死不能更買事》所記：

2.馬，馬去春中惡死。淵私理☐☐☐☐☐

3.貧窮，加☐有折，☐☐能更

7　《吐魯番出土文書》第一冊，第152頁。

8　按《史記》卷七五《孟嘗君列傳》云：「其母竊舉生之。」司馬貞索隱云：「生謂長
　養之也。」。

4.買，坐□閱馬 通 □□□□

5.當往□芳守……

按第三行「能」字上缺文，據前後文意，必為一「不」字。據此可知，馮淵所配「貲馬」死去，因家境貧窮，「不能更買」。此處用「更買」，表明所「配生馬」是要各戶出錢自買的，所以馬死後還要出錢「更買」。

從前引建平某年《按貲配生馬帳》中，也可看到與買馬有關的記載。前面已推知該文書第四行的「貲一斛」下脫「配生馬」三字。這份文書也記載了何時「買馬」及「馬價」等，反映了由各戶自己置備馬匹的情況。所以前引《緣禾六年闞連興辭》中，闞因其「貲馬」被「虜使」騎走未還而向政府投辭，請求償還「馬價」。如果闞的「貲馬」是政府的，其投辭不過是說明情況，或是請求再配給，而無請求「給價」的理由了。

根據文書記載，不僅馬匹，就連鞍轡也需由各戶自備，《按貲配生馬帳》第二行記：

煎蘇翰亡馬鞍（轡），至今不得。

這裡固然是講鞍轡的丟失，但與「配生馬」聯繫起來，可知鞍轡亦由各戶自備。若再結合第四行所記，該戶只有貲一斛，不過折合半畝石田的貲合數，「配生馬」後，已在「次八月內買」，緊接著寫的「貲馬」不應再指馬匹，而應是指馬具之類，是為書寫時脫落了「鞍轡」二字。該戶鞍轡是貲的，可能是因為買不起。

馬和鞍轡備齊後，還要備足飼料，這同樣是一個沉重負擔。同上文書中記載：「二月，馬谷草一皆不得。」從前引《劉□明啟》中，我

們還看到兩戶「合貲」配養馬時，因一方付不出馬谷草而發生爭執的記載。

　　北涼官府還定期檢查配養情況，若發現沒有養好馬，馬死後未立即補上，即以「閱馬連」的罪名加以處罰。上引《馮淵啟》中，馮訴因馬死「不能更買」，「坐閱馬連」，「當往□（白）芀守」。與《馮淵啟》同墓所出《坐閱馬連謫守白芀文書》中，記載有「五人坐閱馬連，有謫白芀」[9]。由此可知，「閱馬連」是有關按貲配馬制度的一種違法罪名，犯有這種罪名的，罰往白芀城去戍守。至於戍守的期限，出土文書中未見記載。根據哈拉和卓 91 號墓所出北涼《兵曹掾張預條往守白芀人名文書一》所記：

　　　　□□□□輸租，各謫白芀□十日。高寧
　　　　□□□橫截二人，合卅人，次□芀守十日。[10]

應是高寧、橫截等縣的這些人輸租不時，故受到謫守白芀的處罰，期限為十日。因「閱馬連」而謫守白芀的，或許也是「十日」，或與此數相距不大。受處罰後，所「配生馬」大概仍須補上。

　　「白芀」，即《北史・高昌傳》中的「白棘」，「芀」字亦應當讀作「棘」[11]。史籍中往往寫作「白力」、「白刀」，並誤。據考，「白芀」在今新疆吐魯番地區鄯善縣東南之辟展，為北涼的軍事要塞。

9　《吐魯番出土文書》第一冊，第 151 頁。

10　《吐魯番出土文書》第一冊，第 142 頁。

11　「芀」應作「棘」，見《資治通鑑》卷二四九「唐宣宗大中十二年正月至交趾」條胡注。參見馮承鈞《高昌城鎮與唐代蒲昌》，載《西域南海史地考證論著匯輯》，中華書局 1957 年版。

　　北涼政府按貲配養的馬匹用途何在？通過出土文書的整理，我們看到的幾乎都是供軍隊乘騎。北涼《建平某年兵曹下高昌橫截田地三縣符為發騎守海事》載：

　　2.隤杜福、帛午、任□三人乘所配馬。田□（地）
　　3.三騎，通身合七騎，次往海守十日，以休領。

「隤」，應是北涼時期的軍事編制，此見《北涼玄始十二年兵曹牒》。[12]所指可能是騎兵，但步兵在行軍時，也有乘騎馬匹的記載。在一件《無馬人名籍》中記載十七名無馬人姓名，其中的令狐玩、孫澹、孫佛狗、張保、張保受等五人[13]，就列在《細射、步稍等兵人名籍》中的十名「步稍」內[14]，足證他們原來是步兵，大約因軍情緊逼，也要發給馬匹以供乘騎。根據前引《緣禾六年闞連興辭》所記，配養的馬匹，也有供作「驛乘」之用的，辭中所記的「虜使」，應是柔然使臣，他出使至高昌郡，北涼政府即將貲馬供他乘騎。

　　由於馬匹分散在各戶飼養，所以分配乘騎時，皆書××乘××馬，如哈拉和卓91號墓所出《分配乘馬文書》記：

　　1.□□□車末都乘虎威馬，馮奇乘闞
　　2.□□□凌江馬。思頭幕乘□□馬。啟健
　　3.□□□乘趙司馬馬。喚屯□□司馬馬。

12　《吐魯番出土文書》第一冊，第64頁。
13　《吐魯番出土文書》第一冊，第173頁。
14　《吐魯番出土文書》第一冊，第172頁。

4.阿覽提、□□□二人乘官馬，左□乘張預馬。[15]

這裡的記載，正反映了北涼的配乘制度，還表明了如「虎威」、「凌江」這類雜號將軍及「司馬」這類官吏亦同一般地主、農民，均按貲配養馬匹。

根據現有的資料，我們知道北涼計貲之後，按此配養馬匹，至於是否還按貲徵收什麼，以及配養馬匹數與貲額的關係等問題目前還不清楚。同時，是北涼境內部分地區按戶配養馬，還是所有地區皆如此，也不清楚。

按貲配養馬制度，不見於北魏及東晉南朝。只有在高昌地區，根據吐魯番出土的麴氏高昌王朝文書，可以看到直至麴朝，依舊在一定程度上承襲著這套獨具地方特色的制度。

（原載《文物》1983 年第一期）

15　《吐魯番出土文書》第一冊，第 149 頁。

論麴氏高昌時期的「作人」

　　吐魯番古墓葬區所出麴朝之官、私文書中，出現不少有關「作人」的記載，根據初步考察，我們可以看到「作人」一詞在麴氏高昌時期實際上包含著三種性質迥異的身分。作為高昌政權徵發的各種服役者，寺院中的雇傭勞動者，均可稱之為「作人」。以上這兩種含義的稱謂，直到唐太宗貞觀十四年（640）平高昌置西州後，依然沿用。但作為本文行將重點探求的另一種「作人」則不同於上兩種，他們是被當成財產，可以繼承、買賣的，但卻有著某種程度不同的私有經濟活動。因此，除了主人外，高昌政權也直接對他們進行一定程度的賦役剝削。他們有類似部曲以及宋、齊之「十夫客」之處，但又有其特點，構成麴氏高昌境內階級關係中頗具特色的一種封建隸屬者。

一、「作人」的種類

　　出土文書中，我們所見到的「作人」，如前所述，可以分為三大類別，其一是各種類型的服役者。根據一份出土文書記載：

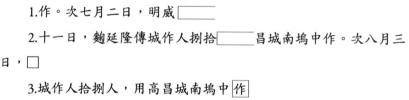

（前缺）

1. 作。次七月二日，明威□□□□

2. 十一日，麴延隆傳城作人捌拾□□□昌城南塢中作。次八月三
日，□

3. 城作人拾捌人，用高昌城南塢中 作

4. 　　　　　　都合用城作人貳佰伍拾捌人。

5. 謹案條 列 用 城作人， 須 役 □□□

（後缺）[1]

本件紀年殘缺，池田溫氏已定為高昌年次未詳文書，其說甚是。文中
所云「條列」及「傳」皆麴氏高昌官文書中習見的專用術語，已發表
的麴朝文書中比比皆是。[2]而十六國及唐代文書中就沒有見到。又「明
威」一類雜號將軍，亦多見於麴朝文書之中。

「塢」即小型城堡，曾見於嘉峪關的漢晉古墓彩繪壁畫中。此處
「高昌城南塢中作」，若從字面上看，似可釋作高昌城南面的一個塢，
但從出土之十六國到唐代的大量文書中，我們還不曾見到高昌城南的
塢，我們常見的一個塢名叫「南路（一作魯）塢」。據記，該塢位於高
昌城西十裡處。[3]或許本件此處有脫文，將「高昌城西南路塢」寫作「高

1　大谷4059號，池田溫：《中國古代籍帳研究》，東京大學東洋文化研究所1979年版，
　　第311頁。

2　參見《吐魯番出土文書》第3冊所收阿斯塔那48號墓之五、六、七、八、九、十、
　　十一、十二諸件文書皆稱「條列」；又同書所收阿斯塔那50號墓之一、二兩件文書皆
　　稱「傳」。

3　阿斯塔那35號墓所出《武周載初元年寧和才等戶手實》二段，十六行；又阿斯塔那
　　27號墓36號《開元四年西州高昌縣安西鄉安樂里籍》第一、第二行。大谷2854、
　　2852、2853號。載前引池田溫書，第400頁。

昌城南塢」了。文書反映的，應是被徵發去「塢中作」的服役人數。
從行一所記「七月二日明威（某傳）」，行二所記「十一日麴延隆傳」
看來，表明服役是有期限的，分番上役。所「作」可能是築塢壁，故
稱「城作人」。在麴朝年滿十五，即須承擔「城作」之役。[4]

　　阿斯塔那 155 號墓及 138 號墓分別出有麴文泰延壽四年（627）威
遠將軍麴仕悅奏記文書兩件，內容都是「田畝作人」事，今錄其一之
第一段如下：

1.丁亥歲四月十一日□□畝作人趙善海壹
2.人五日作，車牛壹□□日作，
3.　　　　　□□將軍麴仕悅印[5]

此處行一「畝」上缺字，據其他諸件，應是「田」字。趙善海被徵作
五日，同時並出車牛一乘。車牛應作日數已缺，但趙既作田畝五日，
車牛大概也是五日，麴仕悅所傳的作人當在官府或王室土地上服役，
故稱為「田畝作人」。田畝作人服役期為一次五日。但據同件二段所
記，稱：

□亥歲四月廿六日田畝作人趙善海貳人，合貳人作。

據此，則趙在四月十一日作五日後，至晚又在同月廿六日再次被徵作
田畝。再次徵作不見期限及出車牛事。這裡趙善海徵發較頻繁，亦可

4　大谷 1464、2401 號背面，載前引池田溫書，第 313 頁。

5　《吐魯番出土文書》第三冊，文物出版社 1981 年版，第 304 頁。

能是屯田民。除此以外，我們還看到有「堨作人」的徵發記載[6]，表明高昌王國內徵發的服役者亦可稱為「作人」。

　　第二種類型的「作人」，則是寺院中的雇傭勞動者。阿斯塔那377號墓所出《高昌乙酉、丙戌歲某寺條列月用斛斗帳歷》六行，已見有「作人」之名，惜次行缺，未知內中詳情。今摘抄有關部分如下：

　　22.丙戌歲起正月一日至月竟。☐☐

　　23.兜（斗）肆昇（升）。作人貳，食床粟☐☐☐

　　38.☐☐兜，供三月三日食。粟捌斛肆兜，雇外作人貳拾人，用西澗踵桃中掘構（溝）種

　　40.（上略）粟貳斛伍兜貳升用雇

　　41.外作人陸人，用政（整）☐☐☐並食糧。（下略）

　　47.☐☐伍斛，床壹斛貳兜，用雇外作人拾人，用刈麥，並食糧。[7]

這份寺院支用帳歷中，不僅提到「作人」，而且還有「外作人」，大約由於雇來在葡萄園開溝，或者田間刈麥這類勞動，故雇「外作人」。寺院用糧食支付他們的雇價，在雇傭期間，還要供給食糧。

　　據劉宋景平元年（423）佛陀什等譯之《彌沙塞部和醯五分律》云：

　　有一貧人……我今無物，正當傭賃，以用供養，即便客作……如是貧人，苦身傭賃，得少財物，尚用供養……於時作人，即持財物，

6　《吐魯番出土文書》第三冊，第218頁。

7　《吐魯番出土文書》第三冊，第225-230頁。

來詣佛所。[8]

律文以當時之貧窮百姓出賣勞動力，雇傭客作者，譯為「作人」。直到唐代的西州，依然沿用此名。

　　第三類的「作人」，則是下面將重點探討的一種特殊的封建隸屬者。在阿斯塔那 154 號墓中，出有麴氏高昌時期的「作人」名籍共七份：

一　高昌西南坊作人名籍一
二　高昌西南坊作人名籍二
三　高昌作人善熹等名籍
四　高昌史延高作人阿歡等名籍
五　高昌作人酉富等名籍
六　高昌作人相兒等名籍
七　高昌作人令奴等名籍

西南坊是高昌城的坊名，其餘數件皆因殘缺，地名已不可知，但據名籍內所記的人名，亦可推測多屬西南坊。如第三件名籍中行五的「形保願」、行六的「嚴歡岳」、行七的「張相斌」等，分別見於第一件的行三、行二、行一中；第四件行二的「馮保願作人牛諾兒」、行三的「曹子□□人相子」，又見於第一件行九中；第五件行四的「李善守」，又見於第三件行一中。據此，可推斷三、四、五等三件應亦屬西南坊。

　　上引七件名籍中紀年皆缺。154 號墓內未見有墓誌及衣物疏，所出

8　《彌沙塞部和醯五分律》卷七，《大正藏》本。

有紀年文書為《高昌重光二年（621）史懷熹殘條》，故此七件作人名
籍年代，大致相去不遠。今錄保存較完整的第一件名籍如下：

1. 西南坊：張相斌作人 相□ 、□護、養兒、范像護作人 阿□
2. 嚴歡岳作人寅豐，鎮軍作人桑奴、相洛、賢遮、樊慶延
3. 　　　　　　　 作人青麥，形保願作人
4. 　　　　　　　 作人元得、戈得、吳善
5. 　　　　　　　 富、勒迦、張善財作春得、左延伯
6. 　　　　　　　 □迦、孟培、夏得相作□
　　（中缺）
7. □□□ 作 人浮勒、春得、苟子，□□□作人麥子，田□宣作
8. □蕫培、法德，張禿子作人來富、寅□，□□伯作人春生，馮
9. 慶虎作人相相，曹子舉作人相子，馮保願作人牛諾兒，麴顯峻
10. 作人守相，關阿善作人相富，寅得，威遠□□作人□□、春
□、
11. 富得，□□作人□□、熹兒、豐兒，侯慶仲作人春受，
12. □歡□作 　　　 作人子兒，成阿婆奴富得、麴元
13. □作人 　　　 善熹，司空緊郁作人相祐
14. 道得 　　　 富，陰仕信作人渠譽，赤譽，合六十
15. 　　　 [9]

本件作人名的右上側並有朱筆點記。據此，可知僅高昌城中西南坊一

9　《吐魯番出土文書》第三冊，第 135 頁。又，本件行五末尾「張善財作」句，「作」
　　下原脫一「人」字；行十二末尾「成阿婆奴」名下脫「作人」二字。

角，即有作人六十名之多。又據阿斯塔那 151 號墓所出的《麴氏高昌安樂等城負贓錢人入錢帳》所記，知高寧亦有「作人」。[10]由此可見，這類作人在高昌普遍存在，為數當亦不少。

據上錄作人名籍，並參照其他有關文書，我們可以看到他們有如下的特點：一、在名籍中，皆附於主人名下；二、他們絕大多數可以肯定為只有名而無姓[11]；三、名籍中所見作人，從名上可見皆為男性；四、就所有名籍統計，一人占有的作人大都為一名，但也有二名、三名的，最多為一張姓郎中，有「作人五人」[12]。據此即可見這一類「作人」不同於前兩類，並構成了一個特殊的封建奴屬階層。他們的來源及其社會地位，主人與封建割據政權對他們如何進行剝削，將是下面重點探討的內容。

二、封建隸屬者「作人」的來源

吐魯番阿斯塔那 10 號墓出土有麴氏高昌延壽四年（627）參軍氾顯祐所作遺囑，將財產分配與親屬，記云：

（一）

1.延壽四年丁亥歲閏四月八日，參軍顯祐身平生在
2.時作夷（遺）言文書：石宕渠蒲桃（葡萄）壹園與夷（姨）母。東北放（坊）中城裡舍壹□

10　吐魯番阿斯塔那 151 號墓出土。編號：73TAMl51：96（a）。

11　名籍中行九之作人「牛諾兒」，也可以是三字名，「牛」不一定是姓。

12　《吐魯番出土文書》第三冊，第138頁。

3.塸（區）與俗人女歡資。作人做得，與師□□□

4.婆受壹，合子壹，與女孫阿□□□

5.壹具，阿夷（姨）出官中依常壹具□□□

6.阿夷得蒲桃壹園，生死盡自得用。□□□

7.師女，阿夷盡身命，得舍中柱（住）。若不舍中柱，不賣舍與餘（餘）人。舍要得壹

8.堅（間）。阿夷身不出，養身用具是阿夷勿（物），若夷出趣餘人去，養生用具盡

9.□□夷言文書同有貳本，壹本在夷母邊，壹本在俗人女、師女貳人邊。

10. 　　　作夷言文書

（二）

1.民部

2.（本處蓋右手掌紅色手印）是氾顯祐存在時守（手）昝

3. 　　卷（券）[13]

本件蓋有紅色右手掌印，其作用當和後來契券文書及某些官文書中所見的指節印相同。[14]表示此券為本人所立和認可，猶如後世之蓋指紋。因而是研究中國古代遺言法的重要材料。

中國古代早有「遺令」或「遺言」，其內容除了誡子孫的所謂「遺訓」之外，重要的還是財產處分。本件承受遺產者三人，即參軍顯祐

13　吐魯番阿斯塔那 10 號墓出土，編號：64TAMl0：38、41。

14　參見王重民《敦煌古籍敍錄》之《陰保山等牒》，中華書局 1979 年版，第 147 頁。

之姨母，俗人女（按指未出家女）歡資和師女（當指出家為尼之女）。
遺產包括有葡萄園、住房、日常生活用具（如婆受、合子之類）。從遺
言殘存部分所見，顯祐本人並無奴婢，但有「作人」，名叫儌得，分給
師女。很顯然，這裡的「作人」既不是高昌官府徵發的役丁，也不是
雇傭而來。因為前者是有番期的，是官府徵發的農民，而後者則是有
雇傭期限、接受傭值的勞動者，因而都不可能作為如同主人的財物那
樣被繼承。只有奴婢、部曲才有可能被主人通過遺囑分配與後人。唐
高宗永徽年間，劉弘基卒，遺令「給諸子奴婢各十五人、良田五
頃」[15]。又如仁井田陞據《白氏六帖》事類集及《宋刑統》所恢復之唐
開元二十五年（737）令云：

> 諸身喪戶絕者，所有部曲、客女、奴、婢、店宅資財，並令近親
> （親依本服不以出降）轉易貨賣，將營葬事及量營功德之外，余財並與
> 女（戶雖同，資財先別者亦准此）。無女均入以次近親，無親戚者，官
> 為檢校。若亡人存日自有遺囑處分，證驗分明者，不用此令。[16]

這裡所引，皆本唐令。唐代同樣有雇傭之作人，而在令文及現實中，
從不列入分配遺產之中。由此可見，參軍顯祐遺言文書中之「作人」
身分，應與唐代的奴婢及部曲客女相似或相同，可以如同房屋、土地
等財產，分配給後人。顯祐這名作人得的地位，有如他的土地、房
舍、用具一樣，其來源亦當如同買地、買房舍、用具一樣。而在出土
文書中，我們也找到了這類文書。

15　《舊唐書》卷五八，《新唐書》卷九〇本傳。

16　〔日〕仁井田陞：《唐令拾遺》之《喪葬令第三十二》，日本東方文化學院東京研究
　　所 1933 年版，第 835 頁。

　　阿斯塔那 338 號墓出土《高昌延壽四年（627）趙明兒買作人券》
記：

　　1.延壽四年丁亥歲□□十八日，<u>趙明兒從主簿趙懷祐</u>
　　2.□買作人胳奴，年貳 拾 □□□價銀錢參佰捌拾文。即日交
　　3.□□貳佰捌拾文，殘錢壹佰□，到子歲正月貳日償錢使畢。
　　4.□□□壹月拾錢上生壹□，□後□人何（呵）道（盜）忍（認）
名者，仰本
　　5.□承了。二主合同立券，券□□□後，各不得返悔。悔者壹罰
　　6.貳入不悔者，民有私要，要行二主，各自署 名 為 信 。
　　7.　　倩書趙願伯
　　8.　　時見劉屍連
　　9.　　臨坐范養祐[17]

本件買作人券較完整，從文書的主要形式及用語，如「何道忍名」句，
是從最早的《承平八年翟紹遠買婢券》[18]直到唐代的奴婢、牲畜的買賣
券中屢見不鮮的慣用語，大意是被別人呵斥為盜竊所得，並被人認為
己物。對買契本身，此處不作進一步分析，所要指出的是「作人」在
麴氏高昌時期可以買賣，這種買賣契的形式、用語和奴婢及牲口買賣
券相同，從而反映了他們所處的卑賤地位。

　　既然「作人」可以如同奴婢、牲口那樣被主人買賣，當然也就如
同主人買來的土地、房舍、用具那樣，被主人任意處置，當作遺產分

17　吐魯番阿斯塔那 338 號墓出土，編號：60TAM338：14/2（a）。
18　《吐魯番出土文書》第一冊，第 187 頁。原注云此承平干支與北涼承平干支不符，故
　　疑此承平非北涼之承平，並進一步推斷可能是高昌王麴嘉的年號。

給親屬。在這一點上，這類「作人」類同於奴婢。但高昌境內同時存
在著奴婢及奴婢買賣活動，而文書中卻又明顯分為「作人」及「奴婢」
兩種稱謂，無疑這又反映出「作人」又有其不同於奴婢的特點。

三、主人對所屬「作人」之剝削方式

「作人」是被主人以何種方式進行剝削的呢？

前引《高昌延壽四年（627）參軍顯祐遺言》所記，顯祐將作人得
分給出家為尼之女——師女，師女有無土地不知，但顯祐原有石宕渠
葡萄壹園（後遺言分與姨母）。石宕渠流經高昌城東及城北，顯祐本人
又身為參軍，當然不會親自耕種。據遺言，他只有二女，並無兒子。
又前引《高昌延壽四年（627）趙明兒買作人券》的買主趙明兒，根據
同一墓葬所出《高昌延壽六年（629）趙明兒夏田券》，趙明兒於此年
租得常田三畝，一年租價銀錢二十文。趙既於頭一年買得作人一名，
此時又租進土地，必然要令作人去耕作，這種令作人從事田間直接勞
動的方式，也如同奴婢參加田間勞動。

但是，我們還看到另一種對作人的剝削形式。阿斯塔那 151 號墓
所出《高昌延和十二年（613）某人從張相熹三人邊雇人歲作券》記
載：

1.□□□□□癸酉歲正月廿□□□□
2.□□□□張相熹三人邊雇佛奴、□□、相兒，用歲作，要徑壹□
3.□□□□校（交）與雇價銀錢貳拾□□□。錢即畢，人即入作。若□
4.□□□□不作壹日，到年滿頭，壹□還上壹日，若客兒身病，聽□
5.□□□□死。到頭壹日還上壹□。若相兒共家中大小人行將作□

6. ⬜⬜者，亡失作具，犯人苗⬜⬜悉不知。若相兒身獨將⬜

7. ⬜⬜行，亡失作具，六畜犯⬜⬜仰相兒承了。作具亡⬜

8. ⬜⬜倍（賠）十。四主和同立卷（券），⬜⬜之後，各不得返海（悔），悔者⬜

9. ⬜⬜⬜悔者。民有私要，要行四⬜，各出署名為信。

10. ⬜⬜倩書　張相⬜

11. ⬜⬜時見　⬜善伯[19]

本件從形式上看，與敦煌及吐魯番出土之雇傭契券無異，尤其是關於被雇者曠工（包括因病）補作的規定，丟失作具、牲口以及牲口侵及他人田苗由被雇人負責的規定，都頗為相似。在這裡我們所要探求的是本件雇券中受雇者的身分，以及由此涉及的有關問題。

本件契券有殘損，為一闕名的雇主向「⬜⬜⬜張相熹三人邊雇佛奴、□□、相兒，用歲作」。「歲作」即是年作之意，「佛奴、□□、相兒」三人應是分屬張相熹及另二闕名主人的隸屬者。雇主是向張相熹等三人處分別雇取一人，但合書於一券之上，故稱四主「和同立卷」。此契券不同於其他契券之處就在於它不是雇主與傭作者之間直接簽訂的契券，而是由雇主與傭作者的主人之間簽訂的，傭作者無權簽訂他與雇主之間雇傭歲作的契券。這裡表明，他們的主人把他們視為如同自己的牲畜一樣，出賃給需要勞動力的雇主。因而所付雇價直接付給受雇傭者的主人，而非被雇者本人。根據契券規定：「錢即畢，人即入作」，可見雇價是一次付足的，這一點與其他的雇傭契券的規定不同。我們知道吐魯番及敦煌所出雇傭契券中關於雇價的償付並非立券時一

19　吐魯番阿斯塔那151號墓出土，編號：72TAM151：104。

次付足。這大概由於雇主深恐被雇人一次領得全部雇價錢糧後立即逃亡，或許還因雇主為便於在傭作期間對受雇者「違約」進行罰款，因此只肯先付一部分。但此處是雇主與被雇者的主人之間發生直接關係，訂立契約，規定不得返悔，悔者當受契約所規定的條件受罰。本契這一段已多缺文，但若參照有關租佃、借貸等契券，可將缺文補足如下：

> 四主合同立券，（券成）之後，不得返悔，悔者（壹罰貳入不）悔者。

因之，雇主不虞被雇者逃亡，而將雇價一次付與被雇者的主人。

那麼，佛奴、相兒他們與主人的關係就值得我們探索了。奴婢是主人的會說話的工具，因而主人能任意將他們出賣或出租與他人，而本契券中並未寫明佛奴、相兒等三人是否奴隸，考察契券，我們否定了是奴隸的解釋。

阿斯塔那154號墓所出《高昌作人相兒等名籍》，作人名之右側多有朱筆點記，應是一份正式的官文書。今摘抄數行如下：

1. ⬚⬚⬚人相兒，史⬚⬚⬚
2. ⬚⬚⬚曹守隆作⬚⬚⬚
3. ⬚⬚⬚史作人阿 奴 ⬚⬚⬚

本件紀年亦缺，但據前考，約距重光二年（621）不遠。上引《雇人歲作券》作於延和十二年（613），兩件相去亦不甚遠，頗疑契券中的被雇人「相兒」亦即作人名籍上的「作人相兒」。那麼，這份契券應是主

人將他所有的「作人」出租以取利，從而反映了主人對「作人」的剝削方式之一，即如同牛馬一樣，出租以取利。

雖然僅此一例，尚屬孤證，且同名亦往往有之，未必能排除佛奴、相兒本是奴隸之可能。這就需要我們進一步從契券本身探求。

據契券所記被雇人應承擔的義務還有若干，今僅摘錄有關諸項如下：

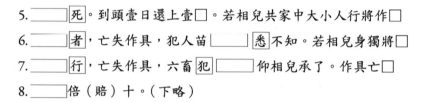

這裡雖原文殘缺，但參照其他有關契券，可以理解為被雇人相兒等若與主人家中成員同去勞動時，發生勞動工具丟失及主人家畜侵犯他人田苗者，與相兒無關，應由主人家承擔責任；如果被雇人單獨去勞動，發生丟失勞動工具或是役使的牲畜侵犯了他人田苗，則由被雇人自身承擔賠償責任。而且券中還規定，如果遺失主人作具（當然也應包括役使的牲畜），應「一賠十」，至於牲畜侵犯他人田苗，應由他人定價賠償。故契中只規定被雇人應承擔責任，如何賠償沒有具體規定。

這種關於被雇人承擔賠償責任的規定，應與被雇人的身分有關。我們知道奴婢本身就是主人的財產，因而奴婢是無力、也不可能承擔這種經濟賠償責任的。按《唐六典》卷一七太僕寺諸牧監稱官畜「在牧而亡者，給程以訪，過日不獲，估而征之」，注云：

謂給訪限百日，不獲，準失處當時估價徵納，牧子及長各知其

半。若戶奴無財者，準銅依加杖例。

足見戶奴無財產，故放牧時丟失官畜，不能像「牧子及長」那樣依估價賠償，只得「准銅依加杖」，亦即按應賠之數，折銅斤兩，再折成受杖數。[20]這裡講的是唐制，但奴婢沒有自己的經濟來源，因而不能承擔經濟賠償這一點，麴氏高昌到唐代理當相同是毫無疑義的。上引券中的佛奴、相兒若是奴婢，當然無力承擔經濟賠償，雇主也必然在契券中提出要他們的主人張相熹等負責賠償。因而券中佛奴、相兒的身分不是奴婢。

契券中所云「雇歲作」、「要徑壹□」，也即要雇作一年，但有關雇價的規定，只殘剩「（交）與雇價銀錢貳拾□□」一句，所記雇價，一年尚不足三十文銀錢，我認為這個數字，應是雇傭一名歲作之雇價。若是三人歲作一年，雇價尚不足三十文，似嫌太低，於主人不利，當不會如此低價便租賃出去。

四、「作人」的經濟地位

根據上引「雇人歲作券」，可判斷相兒等三人不是奴婢，而是「作人」。他們雖然像工具、牲畜般被主人租賃與他人以收利，卻又有一定財力（盡管非常微薄）承當經濟賠償的責任。

「作人」具有私人經濟性質，從別的文書也可以獲得證明。阿斯塔那78號墓所出《高昌將顯守等田畝得銀錢帳》所記，本錄有「將」、「參

---

20 長孫無忌撰，劉俊文點校《唐律疏議》卷一《名例律》「杖刑五」記云：「杖六十贖銅六斤，杖七十贖銅七斤，杖八十贖銅八斤，杖九十贖銅九斤，杖一百贖銅十斤。」中華書局1983年版，第4頁。

軍」、「主簿」、「鎮家」及僧、俗等人按畝納銀錢事，今摘錄部分如
下：

　　7.麴郎文玉陸拾步，得銀錢二文
　　11.趙洛願陸拾步，得銀錢二文
　　15.海相師陸拾步，
　　16.□銀錢壹文。
　　17.參軍善海陸拾步，得銀錢壹文
　　19.作人熹相陸拾□□□□
　　20.鎮家壹畝得銀錢□□□□
　　21.典錄慶峻陸拾步，得銀錢一文□□□□
　　22.□嵩師參拾步，得銀錢半文
　　25.作人寅楝陸拾步得銀錢壹文，作人眾兒陸拾步得□□□□
　　26.翟懷相陸拾步，得銀錢壹文[21]

這裡所記為按畝納銀錢事。據《周書》卷五《高昌傳》云：

　　賦稅則計輸銀錢，無者輸麻布。

又，《北史》卷九七《高昌傳》及《通典》卷一九一《邊防七》，「計」
下皆有「田」字，可知麴氏高昌時按畝徵納田租，徵納物是銀錢。上
引文書，證實了史籍記載。值得注意的是，本件所記納田租諸人，除
高昌官吏、官府機構——鎮家及僧、俗人外，還有「作人」熹相、寅

21　吐魯番阿斯塔那 78 號墓出土。編號：67TAM78：17（a）、18（a）、19（a）。

梣、眾兒。三作人中，二人納錢數不明，寅梣田陸拾步，納銀錢壹
文，與海相師、□嵩師、參軍善海、翟懷相等所納相同。這裡表明了
至少這三名作人是有極少量的土地的。也許是作人租賃得來的吧？據
出土麴氏高昌時期的大量租佃契，關於田主及佃人雙方的義務規定，
皆有如下一句：

　　賕租百役，仰田主了；渠破水謫，仰佃人了。

可見佃人是不承擔據田產所有權徵收的各項賦役的。因此，這裡表明
寅梣等陸拾步土地，絕非租賃得來，而是他們所有，故要向高昌官府
交納田租。

　　有的「作人」保有一小塊土地，但也確有「作人」租佃土地。阿
斯塔那 117 號墓所出《高昌延壽九年（632）曹質漢作人海富合夏田券》
稱：

　　1.□□□年壬辰歲十一月廿二日，曹質漢、張參軍作人海富二人，
從□□

　　2.□邊夏石采南奇部麥田拾參畝。要逕（經）伍孰（熟）年，年
到七月□□

　　3.□□麥貳斛、使畢淨好。若不淨好，聽自常取，夏價依官斛中取
□

　　4.□□手下宕取田中伍畝□□□張奮武田中租殊（輸）伯（佰）役
□□□

　　5.□渠破水謫，仰耕田□□□不得脫取。田中要□□

　　6.□□若脫田取時，罰□□立卷（券），券成之後，各不得返

7.□□者一罰二入不悔者[　　]名為信。

8.　　　[　　]一指一節一為 明

9.　　　[　　]一指一節一為 明

10.　　　　海□

11.　　　[　　]一指一節一為 明

12.　　　[　　]一指一節一為 明 [22]

　　這是一份習見於吐魯番地區出土的租佃契約，我們所關注者是租佃者二人中，有一名是「張參軍作人海富」。他與曹質漢二人合伙佃進土地，並承擔作人所應承擔的義務，契券結尾處的四個指節印中，亦必有他的一個。二人所租田畝數量較大，且要經「伍熟年」，為時亦較長，這兩點在出土租佃契約中皆屬罕見。我認為如果張參軍需要與他人合作租佃土地，必不會令其作人出面與人合訂契券。這裡只能是作人海富與他人合伙共佃。

　　海富與曹質漢合佃較大數量的土地，他至少要承擔起半數的土地耕作，因而他若沒有一定的由自己支配的時間來從事勞動，是不可能與人合佃土地的。那麼這個由「作人」自己支配的時間是如何得來的呢？一種可能就是「作人」本身就保留部分由自己支配的時間，猶如後面將要討論到的劉宋時「十夫客」的「所餘私夫」，因而能用來耕種租佃來的（或如前所述「作人」自有的）土地。但作為主人既可將「作人」出雇給他人以取得雇價，那麼「作人」是否也可能在向主人付出一定代價後，就可取得一定時間的「自由」支配權？雖然沒有這方面的直接證據，但我們看到了類似的情況。

22　吐魯番阿斯塔那 117 號墓出土。編號：69TAM117：57/3。

　　吐魯番哈拉和卓99號墓所出《高昌延昌二十二年（582）康長受從道人孟忠邊歲出券》記：

1.延昌廿二年壬寅歲二月廿二日，康長受
2.從道人孟忠邊歲出，到十一月卅日還
3.入正作。歲出價要得床麥伍拾斛，麥
4.貳拾仟（伍），床貳拾伍。平斗中取，使淨好。
5.若過其（期）不償，聽曳家財，平為麥直。
6.若長受身東西無，仰婦兒上。二主先和
7.後卷（券），券成之後，各不得返悔，悔者一倍（賠）二
8.入不悔者。民有私要，各自署名為信。
9.時見　倩書道人法　蒽
10.　　　　侯三安[23]

　　契券中反映出的是康長受向道人孟忠付出一筆為數不少的糧食，以取得孟忠的許可，允其暫時離開孟忠一段時間，自二月下旬到十一月卅日，約一年，故稱「歲出」。交納「歲出價」的規定，與租佃契中付租價、借貸契中償付本利錢物的規定相同。本件康長受的身分不明，但可以看出他隸屬於道人孟忠，不得孟忠許可，他不能離開主人。長受有姓，這一特點表明他不是奴婢，但「作人」亦不見有姓。契券中又反映他還有「家財」及「婦兒」，就像租佃、借貸契約一樣，若不能如期交納這筆「歲出價」，主人就可「曳家財，平為麥直」，若長受死亡，則「仰婦兒上」。這都明顯表示康長受不是奴婢。

23　《吐魯番出土文書》第一冊，文物出版社 1981 年版，第 191 頁。

　　盡管我們不能肯定康長受是「作人」，可是他有一定家財，對主人有人身隸屬關係，這兩點至少是與「作人」相類似的。他付出一筆「歲出價」，以取得一定期限的自由支配時間。而主人在並不一定需要隸屬者直接為其服役時，也樂於接受這樣一種有期限的贖取辦法。從主人這方面說，這種贖取自由支配時間的辦法，與前引張相熹等三人出租「作人」以得到「雇價銀錢」，其經濟收益是一致的。所不同的在於後者康長受是自己出「歲價麥」以贖取個人的「歲出」權，而張相熹等三人的「作人」則是被主人出租出去以取得雇價錢，佛奴、相兒等三人是無權選擇的。因此，我們根據康長受的事例來推測，某些「作人」有他自己的個人經濟，他們耕種自己的小塊土地，或租佃土地。他們大概保有一部分自己支配的時間，此外也可能以一定錢物向主人贖取一定的更多由其支配的時間。

五、氏高昌政權對「作人」的剝削

　　前引阿斯塔那 154 號墓所出七件作人名籍，無疑是為了供備官府需要而製作的。漢代計算人戶貲財時，就將奴婢同土地、房屋、耕牛、車、馬等一同折成錢，進行統計。[24]在唐代，評定戶等時，部曲同奴婢也與房舍、菜園、儲糧、牛、馬等，一同統計，以定戶等高下。[25]奴婢和部曲是主人的財產，他們是私屬，因而對國家並不承擔賦役。從北魏到隋初，由於奴婢、牛都授田，北周及隋初，部曲大概也授

24　勞幹：《居延漢簡（考釋之部）》2820 號記公乘禮忠家貲，有小奴、大婢、牛、馬、車、田宅，「中央研究院歷史語言研究所」1960 年版，第 137 頁。

25　唐耕耦：《唐代前期的戶等與租庸調的關係》，載《魏晉隋唐史論集》第一輯，中國社會科學出版社 1981 年版，第 185 頁。

田，因此奴婢、牛、部曲也納租調。敦煌所出西魏大統十三年（547）計帳上，明白記載了奴婢及牛亦徵納租調。[26]但顯然，所授之田實際由主人掌握，收獲物也歸主人所有，因而租調實際上是向主人徵收的。但在麴氏高昌時期，我們不僅見到高昌政權向主人徵發「作人」服役，而且還看到有向「作人」本身徵收田租臧錢的記載。

　　前面論及「作人」的經濟地位時，曾引用《高昌將顯守等田畝得銀錢帳》，以說明某些「作人」亦曾保有一小塊土地，並結合《周書》及《北史》、《通典》等記載，說明麴氏高昌之稅制是按畝徵收銀錢。該件所記，除「麴郎文玉」及「趙洛相」等六十步納銀錢二文外，其餘諸人之六十步皆納銀錢一文。這種差別或許與土質的高下有關。這件文書中就記載了「作人」熹相、寅椊、眾兒等三人皆各有田六十步，納銀錢一文。

　　在麴氏高昌的苛捐雜稅中，我們還看到一種名為「臧錢」的徵收。阿斯塔那84號墓所出《高昌條列出臧錢文數殘奏》稱：

（前缺）

1. ⬚布二匹半，平⬚
2. ⬚半文，張申武⬚百文⬚
3. ⬚泮作人秋富二⬚蒲桃中趙武⬚
4. ⬚所藏綾十三匹⬚一百廿一文⬚
5. ⬚臧錢一百一十文半⬚出臧錢一百一十文⬚
6. ⬚阿苟作從，臧龍遮⬚⬚提婆錦一匹平錢五十⬚
7. ⬚匹平錢五十一文，張阿苟出臧錢五十半文。次傳⬚

26　《敦煌資料》第一輯，中華書局 1961 年版，第 87 頁；又參見前引池田溫書。

8.＿＿＿｜延｜作從，藏龍遮之提婆錦三匹，平錢一百｜五｜＿＿＿

9.＿＿＿紅錦二匹，平錢九十文。祁守義提婆錦一＿＿＿

10.＿＿＿文。商胡握廢延出臧錢一百五十七｜文｜，＿＿＿

11.臧盡。趙武尊｜＿＿＿｜[27]

（後略）

本件行三「作人秋富」又見於阿斯塔那 151 號墓所出《高昌安樂等城負臧錢人入錢帳》，未知是否一人。該件亦記納臧錢事，今摘錄如下：

（前略）

3.安樂負臧錢｜＿＿＿｜入九十六文

4.六子入錢七十三文，□□守入錢九十文

5.嚴保守入錢八十四文，｜合｜入錢二白（百）卅三文。

6.鹽城負臧錢人道人□□□錢七十八文。

7.高寧負臧錢人作人□□□錢六文，作人秋富入｜錢｜□。

8.文，肯買兒作春｜富｜入□文，馮相受入錢十文，□

（後略）[28]

以上兩件文書的內容都是記載臧錢的徵收。「臧」或作「藏」，庫藏也。在漢代，它不同於封建政權系統的財政機構，而屬於所謂「御府禁藏」[29]。麴氏高昌時期的臧錢徵收是有其特色的，本文不擬論及，只是指出作人和商胡、道人及一般百姓，一樣同為徵收對象。據文書所

27　《吐魯番出土文書》第二冊，文物出版社 1981 年版，第 207 頁。

28　編號73TAM151：96（a），又本件第八行「骨買兒作」句，「作」下脫一「人」字。

29　《漢書》卷二四下《食貨志》第四下，中華書局 1962 年版，第 1162 頁。

記，高寧負臧錢人中，至少有三名作人，其中只知一缺名作人入錢六文，遠較其他負臧錢人所入為少。或許正因為他們是「作人」，故而所承擔的「臧錢」亦較少。

關於徭役的徵發，從出土文書中，我們也看到了有關作人服役的記載，阿斯塔那154號墓所出《高昌作人善熹等名籍》：

（前缺）

1. _____□得_____作人善熹，李善守作人屈兒，孟慶 岳

2. □人子□，劉□願□□，□阿願作人，張雅斌作人，麴顯斌二人，高

3. □伯作人春生，左□□□人寅富，陰□，康師子作人二人，范定願（二人）

4. □延嵩作人阿秋（□諸成），張元珍作人雙埒，和敬願作□富（在高寧），陰伏波作相豐（仲名二人）

5. 張郎中作人五人得脫，鎮軍作人三人得脫，形保願作人（在諸成），宋令作人（得脫），阿（何？）

6. □護作人（仲名），嚴歡岳（在田地），張子亮作人（病），史司馬（在安樂）□□□（仲名）養作人，麴斌

7. _____□張相斌作人（在永安二人），范定願作人（病）[30]

本件行七後還未抄錄完畢，就體例看，前後也多有不一致之處。如有的在主人名下書作人名，有的只在主人名下書作人若干，無名，有的只書主人某作人，甚至如行六，書有嚴歡岳名，其下緊接書「張子亮

---

30 《吐魯番出土文書》第三冊，文物出版社1981年版，第138頁。

作人」，根據前引《高昌西南坊作人名籍一》行二記：

嚴歡岳作人寅豐

由此可知本件此處嚴歡岳名下有脫字。又行三末尾記：

范定願二人

行七末尾又記：

范定願作人

當亦是記載重復所致。綜上所述，可見這份「名籍」應是一份未完草稿。

　　值得注意的是「名籍」中，不少作人或主人名右側夾注有：「在諸成」、「在高寧」、「在田地」、「在安樂」、「在永安」、「病」、「仲名」等字。「仲名」不知何意，俟考。「諸成」，據高寧、田地、安東、永安皆高昌境內的縣或城，「諸成」亦當為地名。田地應屬田地郡，高寧當屬高昌郡，其餘屬何郡不清。而本件據前考，被徵作人應亦屬高昌城內西南坊。前引《高昌西南坊作人名籍一》中，記張相斌有作人「相□、護養兒」，本件行七書「張相斌作人」下無作人名，但在右側夾注「在永安二人」。又嚴歡岳據前考，亦為高昌城西南坊人，並有作人一名，在本件中，夾注「在田地」。由此夾注說明可知這些主人的作人均已離開高昌城西南坊，到高寧、田地、安樂、永安諸地去了。在「范定願作人」句旁夾注一「病」字，大概表明他的作人有病，故未能同

其他作人那樣到外地去。這些作人的外出，若出自主人派遣，官府自無專門造冊統計之必要。又，行五所記：

張郎中作人五人得脫，鎮軍作人三人得脫，形保願作人（在諸成），宋令作人（得脫）

此「鎮軍」，又見於前引《高昌西南坊作人名籍一》中云：

鎮軍作人桑奴、相洛、賢遮。

人數正與本件相符，但張郎中、鎮軍、宋令所有作人下（或右側夾注）並記「得脫」二字，也唯有此三人旁不注地名。據阿斯塔那 152 號墓出有兩件《請脫放租酒及調辭》[31]，「脫放」即是免除。「得脫」亦即得免。張某等身為郎中、鎮軍將軍、縣令，享有特權，因而他們的作人得以免予徵發。

關於高昌官府向主人徵發作人服役情況，見於阿斯塔那 339 號墓所出《高昌武城塢作額名籍》中，反映了作人與一般百姓同時被征服役的情況。由於該件較長，內容繁多，今僅摘錄有關部分如下：

（一）

1. ＿＿＿＿ 月 廿 五日武城塢作額：麴忠悌（成□作五人），趙延豐（條脫）、趙眾（□□）

31　吐魯番阿斯塔那 152 號墓出土。編號：72TAM152：25、26。

2. ☐☐☐ 之至（☐☐），張 慈 集（作☐），劉懷祐，張阿相，張阿
婆相（屯蒲桃二人），田明歡（作軍），張戈富（作軍）

6. ☐☐☐ 歡 伯，孟居連兒（作軍），劉屍連，田相保☐☐（作軍）

（後略）

（二）

（前略）

8.☐於豐塪次作人善豐（作軍），作人妨鉥，作 ☐☐☐

9.作人秋得，作人烏行米（作軍），作人駝☐

（後略）

（三）

1. ☐☐☐ 得，作☐ 歡 兒，盡☐

2. ☐☐☐ 作人守德，作人相相

（後略）[32]

本件紀年殘缺，但同墓出有《高昌延壽三年（626）范宗垂墓表》。又，
本件第一段行六之劉屍連，又見於前引《高昌延壽四年（627）趙明兒
買作人券》中，劉為立買作人券中的「時見」。本件第三段行二所記作
人「相相」之名，又見於前引《高昌西南坊作人名籍一》第九行，為
馮慶虎之作人。因知此數件文書年代當相去不遠。

「塪」字本意為土塊。[33]高昌官府徵發大量勞動者去武城（在高昌

32　《吐魯番出土文書》第三冊，第216-218頁。本件上有朱記多處。

33　《說文解字》十三下《土部》，「塪」、「古」二字。

城西，與交河相鄰）「塴作」，我們看到吐魯番出土北涼及唐代文書中，有不少關於「作墼」的記載，「墼」是以黏土做成的土坯磚，經曬乾即可作城牆及房舍建築用。在麴氏高昌時期的文書中，目前卻未見有「墼」字，疑此處「塴作」即是「作墼」。關於「塴作」的確解，此處暫置不論，這裡需要指出的是，「塴作」名籍中記載有作人，大約他們本是主人的私屬，可以買賣，身分當然比一般百姓為低，故徵發服役造名冊時，所有作人名書於一處而不與一般百姓混雜。作為「塴作」而徵發來的「作人」，也如同一般百姓，不盡是都去「塴作」，而由高昌官府分配，除「塴作」外，也有去「作軍」的，大略是為軍隊服某種徭役。

六、餘論

麴氏高昌政權下的這種頗具特色的「作人」，如前所述，是有別於奴婢的。但可以買賣繼承，則又類同於奴婢，我們知道魏晉南北朝時期的階級關係較為複雜，作為被統治的賤民階層，除了習見的奴婢、客、部曲之外，還有若干其他名稱的具有封建隸屬關係的勞動者。奴婢可以自由買賣，但一般不能有私有的財產。部曲有一定的私有經濟，但不得買賣。[34]這些與作人相比較皆不完全相同。但在南朝劉宋及蕭齊時期，我們看到一種與「作人」相似的「十夫客」。

《宋書》卷九一《孝義・郭世道傳附子原平》：

> 父亡……（為營父葬）又自賣十夫，以供眾費……葬畢，詣所買

34　《唐律疏議》卷二《名例律》，十惡反逆緣坐條問答。

主，執役無懈，與諸奴分務，每讓逸取勞，主人不忍使，每遣之。原平服勤，未曾暫替，所余私夫，傭賃養母，有餘聚以自贖。本性智巧，既學構冢，尤善其事，每至吉歲，求者盈門。原平所赴，必自貧始，既取賤價，又以夫日助之。

又《南齊書》卷五五《孝義・吳達之傳》亦云：

嫂亡無以葬，自賣為十夫客，以營冢槨。

可見當時有一種賣身者稱為「十夫客」，但稱「客」而不稱奴，可知與奴婢有別。

郭、吳二傳告訴我們「十夫客」是賣身為主人執役，「與諸奴分務」，其身分亦應是私屬。但如《原平傳》所記，他自賣為「十夫客」以後，仍有「所餘私夫」，可供其支配，故原平得以「傭賃養母」，而且還能積累一點錢來自贖，這就表明，在完成為主人執役的任務以外，所余時間可由「十夫客」自己支配。原平傳中所講到的為人「構冢」時，「又以夫日助之」的「夫日」，也應即是其「所餘私夫」內的時間了。

如上所述，自賣不稱奴婢而稱「客」，又有一定的由自己支配的時間和財物，這同麴氏高昌時期的「作人」頗為相似。只是限於史料，我們還不知道封建國家是否也要向「十夫客」徵收賦稅徭役。

麴氏高昌時期這批相當數量的「作人」，在唐貞觀十四年（640）平高昌後，就再也沒有看到這一名稱。在唐代西州的籍帳中所記載的賤口，只有奴婢、部曲、客女、樂事。就現存的唐代平高昌後所頒布的赦文和撫慰詔中，也不曾見有下令釋放賤口為良的記載。或許當時

有個別主人釋放「作人」為良，但就整個地區而言，是不可能一朝一夕之間，所有「作人」同時消失的。或許由於「作人」的身分近似部曲，入唐之後，根據唐朝律令，在舊有隸屬關係不變的情況下，舊時的「作人」都改為合乎唐令的部曲了。從吐魯番出土文書來看，自十六國以至麴氏高昌時期，都未見「部曲」之名，敦煌所出唐代籍帳文書中，亦未見「部曲」。唐代律令明確規定部曲、客女的賤口身分，但亦未見史籍記載。只有吐魯番出土的唐代手實戶籍、戶口帳等籍帳文書中才屢見唐律中所說到的賤口部曲。或許構成唐代西州地區的這一特點，正是由於麴氏高昌存在一定數量的這種封建隸屬關係極深、而又有別於奴隸的「作人」所導致的結果。

（原載唐長孺主編《敦煌吐魯番文書初探》，武漢大學出版社 1983 年版）

敦煌藏經洞所出兩種麴氏 高昌人寫經題記跋

一

一九六三年春夏之際，余遵唐長孺師所囑，閱讀斯坦因竊經縮微膠卷，以校對唐師及張澤咸昔日所錄社會經濟資料，同時校對劉銘恕先生《斯坦因劫經錄》[1]，並加以補充，至 S.0524《勝鬘經疏》，見尾端題記，劉目原作：

延昌四年五月廿三日于京承明寺寫勝鬘疏一部，高昌客道人得受所供養許。

然縮微膠卷「明寺」前一字雖有模糊之處，卻又不似「承」字，復因讀研究生時期，唐師指示閱讀《洛陽伽藍記》，有所收獲，故更疑

1　參見《敦煌遺書總目索引》，商務印書館 1962 年版。

此字非為「承」字，而有可能是「永」字。當時因不能校對原件文書，復因學識淺薄，不敢妄斷。至是年秋後，已不能從事研究工作，故未能再深入下去。

至一九八二年，於唐師處，見日本藤枝晃教授考證，知教授釋文亦作「承明寺」。以此延昌為高昌王麴乾固之年號，四年則時相當北周武帝保定四年（564），經疏抄於高昌王都高昌城[2]，後見姜亮夫教授《莫高窟年表》，則作：

高昌客道人于洛陽承明寺寫勝鬘師子吼一乘大方便方廣疏注。[3]

此處表明姜亮夫教授亦釋作「承明寺」，但不同於藤枝教授處則在於以此寺在洛陽。則此延昌為北魏宣武帝元恪年號，與劉銘恕先生《經目》同。一九八七年秋，值中國社會科學院歷史所張弓赴倫敦查閱敦煌文書之便，遂請代為查閱該件原卷，復承函告，知原書作「永」。

按《巴官鐵盆銘》所見，「永」字隸書作「承」[4]，又見南京地區出土六朝墓誌，「永」字亦有作「承」[5]，則可知此「承明寺」應正作「永明寺」。

北魏自孝文帝遷都洛陽，總計都洛凡四十年，此時佛教昌盛，孝文既「善談老莊，尤精釋義」[6]，「每與名德沙門，談論往復」[7]，「遷

2　藤枝晃：《〈勝鬘經〉在北朝的傳承》，《東方學報》第四十冊，第325-349頁。

3　姜亮夫：《莫高窟年表》，上海古籍出版社1985年版，第120頁。

4　參見顧藹吉《隸辨》，中華書局1986年版。

5　《南京出土六朝墓誌》晉永和墓誌，文物出版社1980年版。

6　《魏書》卷七《孝文帝紀》。

7　《魏書》卷四五《韋閬傳附族弟珍子纘傳》。

京之始，宮闕未就，高祖住在金墉城，城西有王南寺，高祖數詣沙門論義」[8]。至其子世宗宣武帝元恪，「篤好佛理，每年常於禁中親講經論，廣集名僧，標明義旨，沙門條錄為《內起居》焉。上既崇之，下彌企尚，至延昌中，天下州郡僧尼寺，積有一萬三千七百二十七所，徒侶逾眾」[9]。足見自世祖太武帝滅佛以後，佛教又興盛起來，而隨著遷都，洛陽又成為佛教的中心。正是在宣武帝世，又開始了按照代京靈岩窟規制，開始了伊闕山石窟的營建。

據《洛陽伽藍記》卷四「城西永明寺」條記：

永明寺，宣武皇帝所立也，在大覺寺東。時佛法經像，盛于洛陽，異國沙門，咸來輻輳，負錫持經，適茲樂土。世宗故立此寺以憩之。房廡連亘，一千餘間，庭列修竹，簷拂高松，奇花異草，駢闐堦砌，百國沙門，三千餘人。西域遠者，乃至大秦國。[10]

據此可知，洛陽以其「佛法經像」之盛，已成為西域諸國沙門求法之中心，而「篤好佛理」的元恪，為弘宣釋家之說，便利西方求法僧人學習與生活，故特立「永明寺」以供養之。

魏孝文帝末年，麴嘉即已為高昌王，雖臣於柔然，但於北魏宣武帝永平元年（508）即遣兄子私署左衛將軍田地太守麴孝亮入朝，並求內徙，請以軍迎援，雖後內遷未果，但於後「十餘遣使」，貢獻珍寶及特產；延昌中，北魏又封「（麴）嘉為持節、平西將軍、瓜州刺史、泰

8　參見范祥雍校注《洛陽伽藍記》原序，上海古籍出版社 1982 年版。

9　《魏書》卷一一四《釋老志》。

10　范祥雍校注：《洛陽伽藍記》，第 235-236 頁。

臨縣開國伯」[11]。終宣武之世，遣使不絕，《魏書》宣武帝紀有載。正因如此，高昌僧人慕洛陽「經像之盛」而來求法。這件經疏的抄寫者自稱：

　　高昌客道人得受

此正表明是來自高昌的客僧，得受為其法號。據題記，抄寫此經疏時在宣武帝延昌四年五月，相當南朝梁天監十四年。

　　按《勝鬘經》，即《勝鬘師子吼一乘大方便方廣經》之略謂。據《勝鬘經序》云，劉宋元嘉十三年（436）彭城王劉義康請外國沙門求那跋陀羅「手執正本，口宣梵音……釋寶云譯為宋語。德行諸僧慧嚴等一百餘人，考音詳義，以定厥文」[12]。求那跋陀羅本罽賓國帝室之胤。出家後，「深達律品，妙入禪要，時號曰三藏法師」。後至師子國，宋文帝時由海道至廣州，元嘉十二年（435）至建鄴。居祇洹寺，多有譯著。[13]有關得受於永明寺所抄寫之經疏，藤枝教授已有詳考。

　　這份題記雖言語簡略，但證實了《洛陽伽藍記》永明寺條所記，洛陽已成為當時佛教的一大聖地。永明寺的建立，也正如該書所記，成為接納西域來華求法者居止學習的中心。在南北朝分裂對峙局面下，各地區的正常往來交流無疑是中止了。但由於當時佛教的廣泛盛行，立志弘宣佛法的僧人，不畏路途艱險，相繼奔波於道。高昌處於特殊地理位置，是佛教東漸的一個重要地區。北涼統治時期，由於北涼沮渠王室倡導，高昌一度成為一佛教中心；到麴氏高昌時期，該地

11　《魏書》卷一〇一《高昌傳》。按原《魏書》此卷缺，以《北史・高昌傳》補入。

12　《出三藏記集》卷九釋慧觀《勝鬘經序》，《大正藏》本。

13　《高僧傳》卷三譯經下，《大正藏》本。

雖復崇敬釋迦，但已不復是一譯經及闡揚佛學理論中心，北魏的洛陽、江南的建康等地取代了其地位。「高昌客道人」，除表明其是來自高昌地區外，似亦表明他是為求法而至洛陽，當應學畢還歸故裡。這份經疏在敦煌藏經洞的發現，可能表明他在返鄉途中，道經敦煌這個佛教昌盛、寺院眾多的地區，出於某種原因，未能繼續西進，滯留在敦煌，故他在洛陽永明寺所抄寫的經疏也就留在敦煌某個寺院。

二

編號為 S.2838 的《維摩詰經》卷下的寫本卷子尾部，保留了完整的題記：

1.經生令狐善願寫，曹法師法惠校，法華齋主大僧平事沙門法煥定。

2.延壽十四年歲次丁酉五月三日清信女稽首歸命常住三寶。蓋聞

3.剝皮折骨，記大士之半言。喪體捐軀，求般若之妙旨。是知金文玉牒，聖教真

4.風，難見難聞，既尊且貴。弟子托生宗胤，長自深宮。賴王父之仁慈，蒙妃母

5.之訓誨，重霑法潤，為寫斯經。冀以日近歸依，朝夕誦念。以斯微福，持奉父

6.王。願聖體休和，所求如意。先亡久遠，同氣連枝。見佛聞法，往生淨土。增太妃之

7.余笇，益王妃之光華。世子諸公，惟延惟壽。寇賊退散，疫癘消亡。百姓被煦育

8.之慈，蒼生蒙榮潤之樂，含靈抱識，有氣之倫，等出苦源，同升妙果。

這段的原文如此之完整，是在高昌寫經之中，唯一所見最長最完整的題記，劉銘恕先生《總目》以此延壽為高昌麴朝年號，其說甚是。

按，是經題記經生令狐善願，劉作令狐善顧，疑排版時活字有誤，將「願」作「顧」，令狐為敦煌土著大姓，且敦煌所出南北朝寫經，題記中數見「經生」為令狐族人，高昌地區亦見有令狐氏，或其敦煌之令狐氏遷高昌後，亦將其抄寫經書之職業帶入高昌。

延壽為高昌王麴文泰年號，十四年正值唐太宗貞觀十一年，干支亦符，俱為丁酉年。題記中的父王，應指麴文泰無疑，而題記中的「太妃」，當亦是高僧玄奘西行求法，道經高昌所見麴文泰之母張太妃。[14]「世子」當指麴文泰之子、並做過短命高昌王的麴智盛。[15]「諸公」，指高昌王國內交河、田地二公[16]，題記中所云「諸公」，至少亦包括降唐後，於唐高宗朝任過西州刺史的麴智湛。[17]

題記中所反映的心願，除一般常見祈福增壽外，值得注意的是「寇賊退散」句，按當時高昌國臣服於李唐王朝外，又受制於西突厥，且因近臨西突厥，而距唐較遠，故更要秉承西突厥之旨意。而在唐貞觀九年後，不見史書記載高昌朝貢唐朝的記載，直至貞觀十三年，始見有朝貢記載。[18]而這一時期，麴文泰在西突厥支持下，將東擊伊吾，又

14　《大慈恩寺三藏法師傳》卷一，《大正藏》本。
15　《舊唐書》卷一九八《高昌傳》。
16　《周書》卷五〇《高昌傳》。
17　《舊唐書》卷一九八《高昌傳》。
18　《舊唐書》卷三《太宗紀下》。

西伐焉耆，不斷發動戰爭（有關此時期麴文泰與西突厥、唐王朝之關係，以及對外戰爭，筆者另有《讀唐故偽高昌左衛大將軍張君夫人永安郡君麴氏墓誌銘並序質疑》一文已作詳考）。處於對峙兩強之中的高昌王國，是難以久存下去的，因而這位篤信釋迦之法的公主，企圖通過寫經祈福，以「出苦源，同升妙果」。但在寫經後三年，麴氏高昌終究被唐所滅，而這經卷的流入敦煌，一種可能是由滅高昌麴氏的唐軍官兵掠自高昌，在回師的中途施入敦煌寺院，另一種可能則是在唐滅高昌後，按唐太宗的旨意：

其偽王以下及官人頭首等，朕並欲親與相見，已命行軍發遣入京。[19]

即將麴氏王族等內遷，這位公主就隨之被內遷，行前或許將此經卷攜之上路，行至敦煌，即將此經卷施入某一寺院。

作為寫經題記，無疑多是祈願之類陳辭，但也有一些如結合有關史料加以考釋，也可能得到某些新收穫。得受於洛陽永明寺抄寫經疏，結合是經由居於建康祇洹寺的西域僧人主持譯出，正反映了在南北對峙下，佛學的流播，不僅僅只是宗教本身的事，也是分裂時期南北思想文化交流的一種重要形式。正是這種特殊形式的交流，維持了從西北到中原，直到江南人們意識的交往和信仰心理的一致，而不因政治局面的分裂產生隔閡。後一寫經題記，正反映了麴朝末年，那種長期分裂割據的局面不再能維持下去的形勢下麴氏王族內產生的末日感。

19　《文館詞林》卷九九六《曲赦高昌部內詔》，《適園叢書》本。

　　後記：本文為一九八八年中國敦煌吐魯番學會第三次年會論文、並已收入年會論集。時因作者忙於庶事，未遑修定。今故於此發表。

　　（原載《魏晉南北朝隋唐史資料》第九、十輯合刊，武漢大學學報編輯部，1988 年）

出土石刻及文書中北涼沮渠氏
不見於史籍的年號

十六國時期史料缺乏，許多疑難問題往往因考古發掘之收獲而得以解決。但出土資料本身因缺乏可征之文獻印證，又提出了若干新問題。本文探討的「承陽」、「建平」兩年號之歸屬，即是此類。

一

一九四九年前，甘肅酒泉有「承陽二年馬德惠塔」出土，史岩、王毅等先生曾著文研究。[1]該塔有如下之題款：

承陽二年歲在〔丙〕寅次于鶉火十月五日馬德惠於酒泉西城立為父母報恩

1　史岩：《酒泉文殊山的石窟寺院遺跡》，載《文物參考資料》1956 年七期。王毅：《北涼石塔》，載《文物資料叢刊》1977 年一期。

今遍檢史籍，歷代建元中未見有「承陽」年號，此處為首見。

據史、王二位先生介紹，酒泉先後出土類似紀年石塔還有：

北涼承玄元年（428）高善穆塔

北涼承玄二年（429）田弘塔

北涼緣禾三年（434）白雙且塔

北涼太緣二年（436）程段兒塔

以上四塔及馬德惠塔，據王毅先生所考，皆出土於酒泉舊城老南門一帶，地名俗稱石佛寺灣子。據此推知，這一地區在北涼時期必為宗教活動之中心。據高、田、白、程四塔題款紀年，知是北涼沮渠蒙遜及沮渠牧犍父子統治時期所造。[2]這為我們進一步考察馬塔承陽紀年歸屬，提供了線索。

高、田、白、程四塔的頂部及底座已逸失，從現存的塔身的雕刻手法、布局及內容看，有許多相似之處：龕內多刻有作坐姿或交腳相的佛像；經文及發願文的書體為具有六朝風格的隸書，經文文字雖略有差異，但同屬於某經之一段；線刻的「天人」像側多刻有「八卦」符號，反映了某一特定時代的造塔風格。而馬德惠塔上所據的經文、字體及雕刻風格，據宿白先生的研究都與前四塔類似。石塔本身，史、王、宿諸位先生已有研究，本文僅就諸塔鐫刻經文所據譯本，以及當時當地佛教流派諸問題，進行考察，以判斷馬德惠塔的紀年問題。

王毅先生認為，這五塔所刻經文與敦煌文物研究所所藏婆羅謎文

2　有關「緣禾」、「太緣」紀年，參見《吐魯番出土文書》第一冊阿斯塔那 62 號文書；又參見前引史岩先生文。

與漢文合書經文及千佛洞南老君堂出土之石塔的經文,「文字雖有差
異,但它是一篇經文的前後部分。該佛經是東晉時罽賓三藏瞿曇僧伽
提婆所譯的《增一阿含經》之卷第四十二、《結禁品》第四十六」。向
達先生曾將婆羅謎文與漢文合書經文拓本寄印度,經戈哈理考定,是
《緣起經》的一段殘文。戈哈理並據婆羅謎文書體,斷定其時代為西元
五世紀後半期。[3]德人勒柯克從吐魯番竊去的「宋慶及妻張氏所造塔」,
不僅形制與前數塔相同,而且所刻經文亦同。經文前並有題銘云:「佛
說十二因緣經。」[4]諸塔所刻經文,雖略有文字差異,但基本相同,而
與僧伽提婆譯本《增一阿含經·結禁品第四十六》經文相比較,則有
頗大出入。這些方面,王毅先生已作過對比研究,以下僅擇關鍵之「十
二因緣」,略作比較:

石塔所刻經文	僧伽提婆本經文
更樂緣愛,愛緣痛, 痛緣受,受緣有,有 緣生,生緣死。	更樂緣痛,痛緣愛, 愛緣受,受緣有。
六入盡更樂盡,更樂 盡愛盡,愛盡痛盡, 痛盡受盡,受盡有盡, 有盡生盡,生盡	六入盡更樂痛盡, 更樂痛盡愛盡,愛盡 受盡,受盡有盡,有 盡死盡。

3　覺明居士:《記敦煌出六朝婆羅謎字因緣經經幢殘石》,載《現代佛學》1963 年一期。
　〔印度〕戈哈理:《敦煌所出婆羅謎字石刻(拓本)之研究》,《現代佛學》1963 年第
　一期。

4　A.von Le Coq: Chotsche; Facsimile-Wiedergaben der Wichtigeren Funde der Ersten Kniglich
　Preussischen Expedition nach Turfan in Ost-Turkestan, Tafel 60.

死盡。[5]

顯而易見，二者頗有相異之處。

中土之有《增一阿含經》，據釋道安所云：

有外國沙門曇摩難提者……以秦建元二十年來詣長安……武威太守趙文業求令出焉，佛念譯傳，曇嵩筆受，歲在甲申夏出，至來年春乃訖。為四十一卷，分為上、下部。[6]

「甲申」之來年，即前秦建元二十一年（385）。此經後又經僧伽提婆修正[7]，而修正本「與難提本小異」[8]。曇摩難提本今已不存，未知二本之「小異」何在。但從石塔本經文與今存提婆修正本相對照，不僅文有異處（如石塔本兩段作「愛」，提婆本皆作「痛」；石塔本兩段作「痛」，提婆本則皆作「愛」），而且以此兩段而言，提婆本皆較石塔本有脫漏之處，如提婆本前段較石塔所刻，脫「有緣生，生緣死」二句，後段則又較石塔少「有盡生盡，生盡死盡」二句，故疑石刻所本，未必就是僧伽提婆修正本。

據前引吐魯番所出宋慶夫婦所造塔，題云《佛說十二因緣經》，與難提及提婆本經名皆不同。按西晉之竺法護譯有《十二因緣經》一卷，

5　石刻諸塔經文略有數字不同，但無礙於全文，故不一一注出相異處，詳見前引文。

6　釋道安撰：《增一阿含經序》，《大正藏》本。《出三藏記集》錄之上卷第二，《新集經論》錄第一；又同書第十三《曇摩難提傳》，「趙文業」作「趙政」。《大正藏》本。

7　《高僧傳》卷一《僧伽提婆傳》，《大正藏》本；又參見呂澂《新編漢文大藏經目錄·阿含部》，05570，中華書局，1979年。

8　費長房：《歷代三寶記》第七《增一阿含經》五十卷，《大正藏》本。

後誤作吳支謙譯，題改為《貝多樹下思惟十二因緣經》。[9]把它與石塔刻經對校，亦有出入。據記載，尤精阿毗曇學的安世高亦曾譯有《十二因緣經》一部[10]，惜已失傳。釋道宣《大唐內典錄》云：《增一阿含經》自「東晉前秦建元年前後，別譯二十六部，在文出設，與義全同」。因此，石塔所刻經文，未必本於僧伽提婆譯本。這別譯之二十六部，今多已失傳，不敢妄斷石塔刻經究屬何種譯本。這裡僅須指出，石塔刻經所據，應是同一譯本，說明了它們的作塔時代亦應相當。

　　同時，諸塔均刻《十二因緣經》中有關「十二因緣」之章節，與當時佛教流派亦有關係。東晉十六國時期，「江南盛弘成實，河北遍尚毗曇」[11]。北方重「毗曇」，則「小乘禪法」得到相應的發展。後秦弘始三年（401），鳩摩羅什曾編譯《禪要》三卷，「講究對治」，「視學者的具體情況而有所偏重……痴重的人，應修習『十二因緣』」。[12]諸石塔所刻，均是《十二因緣》，亦表明當時河西走廊，直到高昌，佛教小乘流派盛行，重視「禪法」，尤重修習《十二因緣》以治「痴」。從而也表明這些石塔是在同一宗教流派思潮指導下，在同一時期，集中在一地區內建造的。

　　馬塔既與北涼沮渠蒙遜父子統治時期所建高、田、白、陳諸塔同屬一個時期，那麼，馬塔所記干支「丙寅」，亦應距此四塔干支不遠，今試列表如下：

　　高塔：承玄元年戊辰歲　　四二八年

9　　《出三藏記集》卷二，又參見呂澂《新編漢文大藏經目錄・阿含部》，0631。

10　《出三藏記集》卷二。

11　湛然：《法華玄義釋箋》卷二，《大正藏》本。

12　呂澂：《中國佛學源流略講》，第75頁。

田塔：承玄二年己巳歲　　四二九年

白塔：緣禾三年甲戌歲　　四三四年

程塔：太緣二年丙子歲　　四三六年

丙子以下最近一「丙寅」，為北魏太和十年（486）。其時，北魏已統治河西走廊，故在酒泉地區必不會公然出現一「僭偽」年號並鐫刻在石塔上。故此「承陽」丙寅歲，必非此時。又，距戊辰歲以上最近之一「丙寅」，是西元四二六年，其時北涼沮渠氏尚割據酒泉地區。據史籍記載，北涼於四一二年壬子歲建元為玄始，則四二六年之丙寅應是玄始十五年。但據吐魯番出土文書以及其他地區出土石刻，結合文獻資料，得知北涼不僅有自己的年號，而且還往往奉行著另一個強大王國、皇朝的年號，今列表如下：

西元	干支	史籍所記 北涼年號	出土文書中所見 北涼行用的年號	出土石刻所見 北涼行用的年號
422	壬戌	玄始十一年	玄始十一年	
423	癸亥	玄始十二年	玄始十二年	
424	甲子	玄始十三年	真興六年	
425	乙丑	玄始十四年	真興七年[13]	
426	丙寅	玄始十五年		
427	丁卯	玄始十六年		
428	戊辰	承玄元年		承玄元年
429	己巳	承玄二年		承玄二年[14]

由表中可見，北涼在玄始十二年後，至少在兩年內奉行了赫連勃

13　《吐魯番出土文書》第一冊，哈拉和卓 96 號墓有真興六、七年文書；又哈拉和卓 91 號墓有真興七年文書。

14　此後，北涼尚奉行北魏正朔，因與此無關，故不列入。

勃的夏真興年號。

西元四一七年，赫連勃勃攻下長安後，還統萬城，「以宮殿大成，於是赦其境內，又改元曰真興，刻石都南，頌其功德……名其南門曰朝宋門，東門曰招魏門，西門曰服涼門，北門曰平朔門」[15]。大有一統天下之勢，故自云：「朕方一統天下，君臨萬邦，宜名新城曰統萬。」[16]這時，正是夏赫連勃勃鼎盛時期。

與之同時，北涼雖於四二一年滅了西涼李氏，但在此後與西秦乞伏氏的歷次戰爭中節節失利。玄始十一年（422），五澗一戰，西秦乞伏熾磐之征北將軍木弈干大敗北涼軍，虜北涼建節將軍沮渠苟生，斬首兩千。[17]玄始十三年（424），乞伏熾盤「攻河西白草嶺臨松郡皆沒，執蒙遜從弟成都，從子日蹄、頗羅等而去」[18]。北涼不僅敗於西秦，還受到北方柔然的進攻。玄始十二年（423），柔然寇河西，沮渠蒙遜世子正德輕騎進戰，兵敗被殺。[19]

因此，處在北方柔然及南方西秦威脅下的北涼，也就臣屬於夏，奉其「正朔」，以得其庇護。所以在出土文書中，我們見到北涼行用了真興的年號。大約始於玄始十三年，即真興六年。赫連勃勃卒於真興七年（425），子赫連昌繼位。[20]次年（426）西秦王乞伏熾盤伐北涼，「遣太子暮末等步騎三萬攻西安，不克，又攻番禾。河西王蒙遜發兵御

15　《晉書》卷一三《赫連勃勃載記》，第3210-3212頁。

16　《資治通鑑》卷一一六「晉安帝義熙九年」條。

17　《資治通鑑》卷一一九「宋武帝永初二年」條。

18　《宋書》卷九八《大且渠蒙遜傳》，第2415頁。又，《資治通鑑》將此事分系於三處：卷一一九「宋武帝永初三年」條云「禽沮渠成都」；卷一二〇「宋文帝元嘉元」條云「攻河西白草嶺、臨松郡，皆破之」，同卷「元嘉二年」條云擒沮渠白蹄事。

19　《宋書》卷九八《大且渠蒙遜傳》，第2414頁。

20　《晉書》卷一三〇《赫連勃勃載記》。

之，且遣使說夏主，使乘虛襲枹罕，夏主遣征南大將軍呼盧古將騎二萬攻苑川，軍騎大將軍韋伐將騎三萬攻南安。熾盤聞之，引歸……韋伐攻拔（西秦之）南安，獲秦秦州刺史翟爽，南安太守李亮」[21]。可見赫連昌繼位後，北涼繼續依靠夏，以對付西秦的威脅。那麼，此時之北涼當一如既往，奉行夏之「正朔」。

真興七年乙丑歲八月，赫連勃勃死，子赫連昌繼位，改元承光元年[22]，次年丙寅歲應為承光二年。馬塔干支適為丙寅，但紀年為「承陽二年」，與「承光」有一字不合，二者必有一誤。一般說來，文獻資料屢經傳抄翻刻，容易產生錯誤。出土石刻及文書，是當時人所寫所鐫，應較可信，尤其年號，不應有誤；但年分，歲星紀年，甚或干支，則可能產生錯誤。如馬塔之歲星紀年，誤「析木」為「鶉火」。故疑史籍所記「承光」為「承陽」之誤。

此外，還有另一種可能，即「承光」本不誤，是北涼用韻同義近的「陽」字代替了「光」字。故將「承光」寫作「承陽」。後之沮渠牧犍在奉行北魏之「延和」、「太延」年號時，承用此法，改作「緣禾」、「太緣」，白、程二塔紀年即是其例。

四二八年三月，赫連昌被北魏所擒[23]，赫連定繼位，改元勝光[24]。些時，夏之勢力已衰，北魏興起，故北涼不再奉行夏之年號。就在赫

21　《資治通鑑》卷一二〇「宋紀二文帝元嘉三年」條。

22　《資治通鑑》卷一二〇「宋紀二文帝元嘉二年八月」條。《太平御覽》、《冊府元龜》誤作「永光」。

23　《魏書》卷四上《世祖紀》，《太平御覽》卷一二七夏「赫連昌」條引崔鴻《十六國春秋》。

24　《資治通鑑》卷一二一「文帝元嘉五年」條，又《冊府元龜》誤「勝光」作「服光」。《太平御覽》卷一二七「赫連定」條引崔鴻《十六國春秋》亦作「勝光」。

連昌被北魏俘虜後，北涼即改元「承玄」[25]，「承玄」不僅見於史籍記載，亦見於高、田二塔題款，即是明證。

二

《吐魯番出土文書》第一冊中，署明「建平」年號的官、私文書計有：

> 建〔平〕某年按賞配生馬簿[26]
> 建平五年祠□馬受屬
> 建平六年張世容隨葬衣物疏

此外，新中國成立前北平亦曾發現過一份「建平六年田地縣召」，今藏北京中國歷史博物館。這裡表明「建平」這一年號，在高昌地區至少行用過五、六兩年。

自西漢哀帝以來，建元稱「建平」者為數不少，此處無須一一考釋。關於「建平六年田地縣召」，史稱前涼張駿於東晉成帝咸和二年（327）「置高昌郡，立田地縣」[27]。故此處之「建平」必後於咸和。又據史籍記載，東晉咸和二年之後行用「建平」年號的尚有後趙石勒，於咸和五年（330）九月改「太和」為「建平」，然僅行用四年。[28]張駿

25　《冊府元龜》卷二一九「僭偽部年號門北涼沮渠蒙遜」條。

26　本件「建」下一字模糊不清，後經馬雍及李征鑑定，確為「平」字無疑。

27　徐堅：《初學記》卷八「隴右道第六田地縣」條注引顧野王《輿地記》。

28　《晉書》卷一五《石勒載記下》，第2746頁。

曾稱臣於石勒[29]，故有可能奉石氏正朔，而行用「建平」年號。石勒死，子石泓繼位，改元延熙。[30]或許高昌地僻，未悉改元之事，故繼續行用「建平」年號，直至六年。但通過以下對文書的考釋，否定了這種可能。

石勒之後，相繼有後燕、西燕亦曾建元「建平」，然皆不過一年左右。南燕之「建平」雖行用有六年之久，但南燕建國於海濱，與西陲之北涼並無往來，南燕之「建平」當然也不會行於高昌地區。至於劉宋宗室劉義宣，北魏時的白亞栗斯，宗室元瑜的「建平」年號，多僅數月，皆可排斥在外。

最早提出建平年號的歸屬問題，是署名為「退翁」者，他在《北涼文狀》一文中對「建平六年田地縣召」進行考釋，云：「建平當在永和之後，承平之前」，「宋文帝以沮渠無諱仍督三州諸軍事、涼州刺史、河西王」，「建平乃其紀元耶」。[31]退翁雖然沒有舉出任何根據，或許僅據書法而言，但其論斷不為無見。

《建〔平〕某年按貲配生馬簿》中所見的「配生馬」的制度，當與北涼計貲制度有關。但我們不能肯定只有北涼在高昌地區施行過計貲制度，也不能僅據與計貲一事有關而斷定「建平」必屬北涼。

我們看到這件文書正面寫作「兵曹下八幢符為屯兵值夜守水事」，紀年雖已殘缺，但文書結尾的僚佐押銜確可在若干北涼時期文書中找到。如「錄事參軍　悅」、「典軍　嘉」、「五官渟」、「兵曹掾　張預」、「史　左法強」等，均可在《吐魯番出土文書》第一冊所收確有北涼紀年的《北涼義和三年兵曹條知治幢墼文書》、《約北涼義和□年兵曹行

29　《晉書・成帝紀》「咸和五年十二月」條。《晉書・張軌附張駿傳》。

30　《晉書・石勒附石泓載記》，第 2754 頁。

31　《藝林月刊》第五十三期。此條承中國歷史博物館孔祥星同仁見告。

罰部五人文書》中見到。其中，除個別人押銜有變動外，其餘數人皆未變動，從而表明這件符應是北涼義和某年所下。據此，可以斷定背面二次書寫的「建平」這一年號不得早於北涼之義和。

另一件《建平五年祠□馬受屬》文書，其正面作為第一次書寫的是《北涼玄始十一年馬受條呈》。此二面之馬受，應是一人。他在玄始十一年時任酒吏，為酒的支出作了這一條呈。到建平五年，改任祠□，又利用該紙背面二次書寫，記載有關役使人事。故建平當晚於玄始，並在義和之後。

北涼亡於承平十八年（460），距玄始十一年（422）相去三十八年。假如斷定「建平」是北涼亡後盤踞高昌的某個小王國的年號，那麼三十八年後至少還要加上五年。假如馬受到四十三年之後，仍然健在，並任「祠□」，但一份昔時廢舊文書竟在馬受手中保存四十多年以後，再次在背面書寫，則是難以想象的。因此，我認為，建平不得晚於承平。

如果我們將北涼沮渠氏自建元玄始以後各個紀年進行排比，就會發現一個有趣的現象，今分三組對比如下：

一組　玄始──承玄
二組　義和──承和[32]
三組　　　　──承平

前兩組後排年號首字均為「承」字，第二字均取前排年號中一字（第

---

32 北涼「永和」為「承和」之誤，見陳垣《中國佛教史籍概要》卷二「高僧傳」條；又《冊府元龜》卷二一九僭偽部名號門亦作「承和」。《魏書》、《北史》同，惟《太平御覽》引崔鴻書引作「永和」，《通鑑》因之。「承」、「永」二字形近易訛。

一字或第二字），唯第三組僅見「承」字同上組後排，後一「平」字則無所承襲。如果按照前二組的規律，把「建平」這一年號置於承平之前，即可組成新的排比如下：

第三組　建平——承平

就與前兩組的情況相符合了。

根據以上考定，就為北涼行用的年號中加上了一個「建平」。《吐魯番出土文書》第一冊中所收《建□某年兵曹下高昌、橫截、田地三縣符為發騎守海事》，紀年殘缺，過去僅據文書結尾僚佐押銜，斷定該件為北涼時期文書，現在卻可以據以上考證，於「建」下補一「平」字，從而新增一份建平年號的文書。

為了進一步判斷「建平」這一年號的起迄，現據北涼官文書的押署，列出下表：

序號	西元	紀年	長史	司馬	錄事參軍	校曹主簿	主簿	功曹史	典軍主簿	五官	典軍	兵曹	史	校	文書號
1	423	玄始十二年正月				識	暖	毓				張龍	張□		75TKM91：18、23
2	423	玄始十二年三月				泮	混	毓							75TKM91：30（a）
3	433	義和三年六月	駝			璠	鞅					李祿			75TKM91：47
4		義和□年	駝	林	瑱					洿	胤	張預	左法強	趙震	75TKM91：29（a）
5			駝	林	瑱		悅	嘉		洿		張預	左法強		75TKM91：28（a）
6	433	義和三年				識	悅	嘉	音						75TKM91：31
7				藺	悅		璋	嘉		洿		張預	左法強		75TKM91：33（a）、34（a）

8	建平口年九月			訣	悅		瑩	涝	遺	趙莕	尊興	75TKM91：26
9	建平五年七月				麥			龍				75TKM91：18（b）
10				訣							趙莕	翟富	75TKM91：40

　　以上十件文書多數紀年尚存，其中第五件紀年已缺，從軍府、郡府僚屬押銜署名看，與第四、第六兩件大多相同。又，其背面為「北涼義和某年員崇辭」，足證其必為義和年間文書。又，第七件紀年亦殘，據押銜署名，與第五、第六兩件亦有多處相符，故知第七件亦當在義和年間。該件背面二次書寫的，即是《建平某年按貲配生馬簿》。第八件，據前補定為建平某年文書，據殘剩郡府官吏押銜署名，多同於前數件北涼義和年間文書。如「五官涝」同於前數件，「主簿　悅」在義和年間則是「功曹史」。

　　根據以上分析，我們還可以從《吐魯番出土文書》第一冊中，找到一件紀年雖已缺，但據結尾押署，可斷為建平時期的文書。《兵曹條次往守海人名》文書中的「校曹主簿訣」、「兵曹掾　趙莕」，均見於上表所列第八件建平某年文書中，可知亦屬建平年間。

　　如前所述，建平既在承和之後，承平之前，北涼又於何時改承和為建平？《高僧傳》卷三《浮陀跋摩傳》記「（沮渠）牧犍承和五年（437）歲次丁丑四月八日，即宋元嘉十四年」，知承和至少行用過五年。故建平紀年的行用至早不得過承和五年（437）四月。沮渠無諱於四四三年（癸未）二月建元承平，則建平紀年的行用至遲亦不得過承平元年二月。承和五年至承平元年，其間相距六年。

　　北涼沮渠牧犍世仍臣屬於北魏，「尚世祖（拓跋燾）妹武威公主」[33]。故雖有自己的紀年，但仍奉魏正朔，出土文書中已見有緣禾五

33　《魏書》卷九九《沮渠蒙遜附牧犍傳》，第 2206 頁。

年、六年文書可證。北魏太延五年（439）北魏討沮渠牧犍，原因是「雖稱蕃致貢，而內多乖悖」。首先是「王外從正朔，內不舍僭」[34]，應是這種情況的反映。

北魏太延五年（439）八月，滅沮渠牧犍。當時牧犍弟無諱等退據晉昌、酒泉等地，與北魏抗衡。次年，無諱等請降。北魏太平真君二年（441）拜無諱為征西大將軍、涼州牧、酒泉王。[35]其時，高昌為闞爽所據，爽「自為高昌太守」[36]，當是沮渠氏為北魏所破亡，無暇顧及，故據高昌。屬於闞爽自立為太守或城主[37]時期的遺物，出土有緣禾十年文書[38]，相當於北魏太平真君二年（441）。其時沮渠牧犍已亡，無諱等雖在太平真君二年受北魏之封，但到四月北魏即遣奚眷圍攻酒泉，十一月陷酒泉，俘沮渠天周，盤踞敦煌的沮渠安周亦懼而謀渡流沙河以避之。安周等既已反魏，必然不會再用牧犍時之「緣禾」，何況當時無諱、安周尚未抵達高昌。因此，「緣禾十年」當是闞爽繼續使用牧犍時所用年號，緣禾即魏之延和。

北魏太平真君三年（442）九月，沮渠無諱等襲高昌，闞爽奔柔然。無諱、安周遂據高昌，次年（443）無諱稱涼王，改元承平。[39]無諱等自再次反魏，趕走闞爽，占高昌直至後稱王改元之間，這時期他

34　《魏書》卷九九《沮渠蒙遜附牧犍傳》，第 2207 頁。

35　《魏書》卷四下《世祖紀下》，第 94 頁。

36　《北史・高昌傳》，中華書局 1974 年版，第 3212 頁。

37　除《梁書・高昌傳》云闞伯周為王外，其餘如《宋書・且渠傳》稱「高昌城主」，《魏書・且渠傳》稱「高昌太守」，《周書・高昌傳》除稱闞爽「自置為太守」外，並以柔然王闞伯周為王，乃「高昌稱王自此始也」。

38　此條承吐魯番文管所柳洪亮見告。

39　《宋書・大且渠蒙遜傳》，《梁書・高昌傳》；又參見王樹枏《新疆訪古錄》所引《承平三年沮渠安周造像碑》。

們所用當是沮渠牧犍的「建平」年號。吐魯番出土有建平五年及六年文書就是例證。由此，聯繫到《北涼建平某年兵曹條次往守海人名文書》、《北涼建平某年兵曹下高昌、橫截、田地之縣符為發騎守海事》兩份建平年間文書，其內所云「守海」之「海」，乃田地縣南到敦煌之間的大沙磧，唐稱此道為「大海道」。當因無諱等剛逃到高昌，唯恐北魏軍隊自敦煌越此大沙磧來襲，故調動「隤」及「騎」至田地縣防守。

　　由於文獻資料不足，又不詳北涼當時所行歷法，難以推算建平六年閏月相當於劉宋元嘉何年。因此這裡只能提出北涼在承和之後，承平之前，曾建元建平，這一年號的起訖至少有六年之久。沮渠牧犍雖建元建平，但在其世並未行用，而是奉北魏正朔，或用「緣禾」，或用「太緣」。闞爽據高昌時，可能還在沿用緣禾年號。而沮渠無諱等占據高昌後，在稱王建元「承平」之前，曾一度行用建平年號，稱「建平五年」，「建平六年」。由此推測，很可能沮渠牧犍於承和五年（437）四月後（或次年）即改元建平。而沮渠無諱很可能就在建平六年或是建平七年初即改元「承平」。我們深信，隨著吐魯番等地考古事業的發展，必將獲得新的資料，這一疑問通過深入研究，最終將會得以完滿解決的。

　　本文承王去非提出寶貴意見，附志於此。

1982 年 6 月

　　（原載文化部文物局古文獻研究室編《出土文獻研究》，文物出版社 1985 年版）

龍門石窟高昌張安題記與唐太宗
對麴朝大族之政策

　　清陸蔚亭稿本《龍門造像目錄》記有：

高昌張安造像

　　總章二年二月十日[1]

　　按：此造像題記出於龍門何所窟龕？張安所造復為何像？陸氏稿本無有記載。冢本善隆等據四十種清至民國初年中、外著錄所輯之《龍門石刻錄》中，亦未見收有此題記。然陸氏所輯，當有所本。

　　題記中所云「高昌」，即指立國於今吐魯番盆地的麴氏高昌王朝。而高昌張氏之內徙，與唐太宗貞觀十四年平高昌國後，對麴朝大族處置之政策有關。

　　按該地區之漢人，本漢魏之黎庶。東晉成帝咸和二年（327），前

1　載《文物》1961年第四、五合期，第88頁。

涼王於此建高昌郡。歷經前秦、後涼、西涼、北涼世。西元四六○年，柔然滅孤據高昌之北涼，立闞氏為高昌王。嗣後，張、馬、麴諸氏相繼立為高昌王。麴氏立國最久，共十一王，一四○年。歷代之高昌王及其重臣，亦皆本是由河西走廊遷徙入高昌之大族。他們是漢族血統，並保持著漢族封建文化傳統。就在麴氏王朝時，不僅先後與中原的北魏及北朝，而且還與江南的齊、梁保持著政治、經濟、文化的聯繫。但是，在政治上更直接的是先後臣服於柔然、高車、鐵勒及西突厥。因此，高昌國的建立與存在，是在統一封建王朝瓦解（或重建初期）這個特定情況下，由當地大族，在當時一勢力強大少數民族政權支持下，得以建立和維護的地區政權。因而在長時間的過程中，這些大族由此而得到的政治、經濟特權，特別是只要臣服一強大少數民族就可存在下去，維持住其地區政權，勢必滋長他們的割據性。

有關這方面的研究，中外學人著作頗多，筆者在此僅列舉若干資料，以證其割據性的存在。

據《北史》所記：

和平元年（460）……蠕蠕以闞伯周為高昌王。其稱王自此始也。太和初，伯周死，子義成立。歲餘，為從兄首歸所殺，自立為高昌王。五年，高車王阿至羅殺首歸兄弟，以敦煌人張孟明為王。後為國人所殺，立馬儒為王。以翟顧禮、麴嘉為左右長史。二十一年（497），遣司馬王體玄奉表朝貢，請師迎接，求舉國內徙。孝文納之，遣明威將軍韓安保率騎千余赴之，割伊吾五百里，以儒居之……（後失期未果）……儒復遣（翟）顧禮將其世子義舒迎安保。至白棘城，去高昌百六十里。而高昌舊人情戀本土，不願東遷，相與殺儒而立麴嘉為

王。[2]

由上引可見高昌王之廢立與當時一強大少數民族之關係，及大族內部權勢之爭。同時，也可見到馬儒之被殺，是因他向北魏政權請求「舉國內徙」。而所謂「高昌舊人情戀本土，不願東遷」，除了不排除一般居民的情緒外，更多反映了業已建立基業、並在政治上取得獨占勢力的大族的擔心，深恐因「內徙」後，不僅要重建家園，而且隨著高昌國割據地位的喪失，他們在割據時所得到的政治特權亦難保持。故此殺馬儒，另立麴嘉為王。

　　根據《北史·高昌傳》記載，在麴氏王朝時期，亦曾兩度向北魏政權表示要求「內徙」，當時北魏政權的答復是：

　　卿地隔關山，境接荒漠，頻請朝援，徙國內遷。雖來誠可嘉，即於理未帖，何者？彼之氓庶，是漢魏遺黎，自晉氏不綱，因難播越，成家立國，世積已久。惡徙重遷，人懷戀舊。今若動之，恐異同之變，爰在肘腋，不得便如來表也。

這裡表明北魏政權亦知高昌王國「成家立國，世積已久」，造成大族割據局面，影響已深。如果「舉國內遷」，就會造成那些深懷「舊戀」的大族起來反對，馬儒被殺的局面必將重演，最終是徒勞而不成。

　　隋之統一與煬帝的拓邊時期，麴伯雅雖入朝稱臣納貢，並娶隋宗

2　　《北史》卷九七《西域·高昌傳》，中華書局 1974 年版，第 3212-3213 頁。《魏書》缺此傳，據《北史》補入。又按：有關此條記載，馮承鈞氏之《西域南海史地考證論著匯輯》（中華書局 1963 年二版）有考，但不涉及本文要點，故不一一注出。

室女為妻。[3]唐太宗世，麴文泰亦曾入朝，稱臣納貢。[4]然終不見高昌王再度表請內徙之舉。這裡除了表明他們固然如同過去那樣維持著與漢族中央政權的傳統關係，以取得政治上的認可外，同時，也反映了他們依然想繼續維持割據的局面。

貞觀年間，麴文泰雖在西突厥支持下，敢於攻擊焉耆等國，但也絕無問鼎中原之心。唐太宗《伐高昌詔》，雖列舉麴文泰之種種罪名，但據魏徵所言，不過是：

陛下初臨天下，高昌王先來朝謁，自後數有商胡，稱其遏絕貢獻，加之不禮大國詔使，遂使王誅載加。[5]

所謂商胡之言，不過言麴朝要稅過境之胡商。設若麴朝不許西來商胡道經高昌而東去唐王朝，對其稅收不利。而「不禮大國詔使」，則正反映了麴文泰依倚西突厥而割據高昌的心態。

正因為如此，當唐太宗下詔切責麴文泰時，文泰猶云：

鷹飛於天，雉竄於蒿，貓游於堂，鼠安於穴，各得其所，豈不活耶？[6]

麴文泰雖以鷹與雉、貓與鼠以譬唐與高昌，然猶云：「各得其所，豈不活耶？」亦必反映了高昌國某些執政大族的割據心態。

3　《隋書》卷八三《高昌傳》，中華書局 1973 年版。

4　《舊唐書》卷一九八《高昌傳》，《新唐書·高昌傳》。

5　《貞觀政要》卷九《安邊》，上海古籍出版社 1978 年版，第 277 頁。

6　《舊唐書》卷一九八《高昌傳》，第 5295 頁。《新唐書·高昌傳》。

　　吐魯番阿斯塔那 206 號墓出土《唐垂拱四年（688）故偽高昌左衛
大將軍張君夫人永安郡君麴氏墓誌銘》一方，名為麴氏墓誌，實則相
當篇幅用以追述其卒於貞觀七年（633）之亡夫張雄家世及在麴朝的顯
赫地位。其間云及貞觀初年，麴文泰有「偷安之望」，妄圖「阻漠憑
沙」，與唐抗衡。張雄因「規諫莫用」，遂以「殷憂其疾」，卒於麴文泰
延壽七年（時唐貞觀七年，西元 633 年）。故有人因此而認為張雄反對
分裂，主張統一。其實墓誌之文多為諛詞，何況此墓誌是其妻卒於唐
世所作。而高宗永徽之初，為對付西突厥，曾起用內徙之麴氏及麴朝
舊時大臣之後，張雄之子張懷寂亦被任用。張氏一族亦因此而得返回
舊地，從而在麴氏墓誌中追述張雄生前即力主歸朝，取消割據，實是
誇耀張氏一族對唐王朝的忠心。若從墓誌所記，張雄卒於貞觀七年。
而史稱麴文泰在貞觀四年（627）冬入朝唐廷，估計次年春始能返高
昌。又據唐太宗《伐高昌詔》中所言麴文泰諸種罪狀，可考者皆在貞
觀十年後。至於朝貢一事，據兩《唐書》及《冊府元龜》、《通典》等
所記，直至貞觀九年，麴文泰貢使基本一年一次。由是推知，張雄卒
前，麴文泰與唐的關係應屬正常。故志所記張雄擁護統一，反對分裂
之事，未足為信。

　　當麴文泰聞訊唐發兵進攻高昌時，猶云：

　　吾往者朝覲，見秦隴之北，城邑蕭條，非復有隋之比。設今伐
我，發兵多則糧運不給。若發三萬以下，吾能制之。加以磧路艱險，
自然疲頓。吾以逸待勞，坐收其弊，何足為憂也。[7]

7　《舊唐書》卷一九八《高昌傳》，第 5292 頁。《新唐書‧高昌傳》。

由此可見，麴文泰認為唐不如隋之強盛，秦隴凋殘，無力支援大軍進攻，故可「阻漠憑沙」以御之。但唐軍已渡漠直抵其國門時，文泰憂懼而卒。子智湛繼立，尚自割據不降。

唐軍進圍其「東鎮城」──田地城，侯君集「諭之不降」，遂以「撞車」、「拋車」等當時重型攻城器械破之，繼而進圍高昌王都。此時麴智盛雖向唐認罪，猶歸之於其父麴文泰，並不出降。只是由於侯君集使以強攻：

因命士卒填其隍塹，發拋車以攻之。又為十丈高樓，俯視城內，有行人及飛石所中處，皆唱言之。[8]

而更主要的是，本來西突厥欲谷設與麴文泰有約，「有兵至，共為表裡」，因而駐兵可汗浮圖。但唐軍克田地城，進圍高昌王都時，「欲谷設懼而西走千餘里」[9]。是故，在大軍兵臨城下，西突厥又懼而不敢援助的情況下，麴智盛「計無所出，遂開門出降」。由此亦可見麴氏王朝之國王及重臣大族始終存在企圖憑藉在西突厥支持下，利用自然條件的保障，以長期維持割據局面。

貞觀十四年八月平高昌後，太宗下《慰撫高昌文武詔》云：

其有邪佞之徒，勸文泰為惡損害，彼者即令與罪，以謝百姓。自外一無所問，咸許自新。其有守忠直之節，諫爭文泰及才用可稱者，當令收敘，使無屈滯。今即於彼置立州縣……其偽王以下及官人頭首

8　《舊唐書》卷六九《侯君集傳》，第 2511 頁。

9　《舊唐書》卷六九《侯君集傳》，第 2511 頁。又見王文錦等點校《通典》卷一九一《高昌傳》，中華書局 1988 年版。

等，朕並欲親與相見，已命行軍發遣入京[10]。

由上可知，太宗平高昌後，即於其地置立州縣，結束了長期割據局面。對高昌國之官員，採取區別對待的政策，而麴氏王室及「官人頭首」，則一律內徙。後者必包括有當地的大族。

　　由於史籍記載的缺乏，除麴氏王室外，「官人頭首」包括哪些家族尚不清楚。但據吐魯番出土墓誌，我們知道有張氏一族。據前引張雄妻麴氏墓誌及張懷寂墓誌，知張雄雖早已逝世，然其妻及未成年之子，皆已在內徙之列。今據《唐永隆二年（681）張相歡墓誌》[11]，知非是張雄一支的張相歡亦內徙。在出土墓誌，如張禮臣、張團兒等墓誌，皆見內徙記載，均非張雄一支。足見張氏一族各支，多為麴朝「官人頭首」。張氏當屬內徙之列。

　　麴朝「偽王以下及官人頭首」內徙後，遷居內地，史無記載。羅振玉所獲出土墓誌，知麴氏居洛陽。又據前引《張相歡墓誌》所記：

　　城賓之際，投化歸朝⋯⋯蒙補懷音隊正。

又據《張團兒墓誌》記：

　　大唐□歷，抽擢良能，授洛陽懷音府隊正。[12]

10　《文館詞林》卷六六四，《適園叢書》本。岑仲勉《西突厥史料編年補闕》（載《西突厥史料補闕及考證》，中華書局 1958 年版）考云「當今」應作「當令」，「諒宜」應作「量宜」。

11　Stein: Innermost Asia, Lxxr Ast.010Astana.

12　藏新疆博物館。

《新唐書‧地理志》稱洛州有折沖府三十九，其一為懷音府。又據《唐兩京城坊考》稱懷音府在洛陽外郭城之宣教坊內，其「地團」當不只一宣教坊。由此可知，張氏內遷後，居於洛州外郭城宣教坊一帶。

對於留居高昌舊地的大族及麴朝官吏如何處置，前引《慰撫高昌文武詔》中，僅只原則一句：

朕為人父母，無隔新舊。但能顧守忠款，勤行禮法，必使爾等永得安寧。

但據太宗《巡撫高昌詔》云：

高昌舊官人並首望等，有景行淳直及為鄉間所服者……景擬騎都尉以下官奏聞。庶其安堵本鄉，咸知為善。彼州所有官田，並分給舊官人、首望及百姓等。[13]

這個詔令中關於授予勳官的執行，也為吐魯番出土墓誌所證實。根據《唐永徽三年王歡悅墓誌》及《唐乾封三年（668）王歡悅妻麴氏墓誌》，知王歡悅為麴朝殿中將軍，又與王族麴氏通婚。誌云：

屬大唐啟運，澤被西州，首望鄉官，詔賜驍騎之尉。[14]

13　《文館詞林》卷六六四，前引岑仲勉氏文，此「景擬」為「量擬」之訛，然岑考此詔作於貞觀二十二年底或二十三年初則非。參見徐松撰、張穆校補，方嚴點校：《唐兩京城坊考》卷五，中華書局 1985 年版。

14　Stein: Innermost Asia, CXXVII. Ast. ix. I IXXV Ast.ix.1. 03 Astana.

又據《唐貞觀廿一年（647）唐武悅墓誌》記武悅本為麴朝兵部參軍。
誌云：

> 屬大唐統馭，澤及西州，蒙授云騎尉。[15]

按《舊唐書·職官志》載：

> 四轉為驍騎尉，比正六品……二轉為云騎尉，比正七品。

可知唐據麴朝政權中官員品位高低，從而授予不同品級的勳官。是否
同樣授予勳田，史無所載。但至少勳官的授予，表明唐王朝對他們的
籠絡，並在一定程度上滿足他們的政治心理要求。正是唐太宗考慮到
高昌長期割據歷史，因而形成某些大族頭首的割據心理，故在平高昌
後，採取將麴氏王族及「官人頭首」全部內徙、安置於洛陽，以便就
近控制，同時允許他們在唐政府內充當官吏。據前引張團兒等墓誌，
知他們皆已入折沖府任下級軍官。張懷寂亦官至州司馬。而對留在舊
地的「舊官人並首望等」，則給予某種安撫，使之「安堵本鄉」。正因
為如此，太宗既消滅了可能出現的分裂割據的苗頭，同時又安定了西
州的局面。

　　高宗永徽之初，西突厥阿史那賀魯之亂，復又起用內徙麴氏王族
及「官人頭首」。以麴智湛為西州都督，「以統高昌故地」[16]。張氏一族
各枝亦多返歸故裡。《張懷寂墓誌》稱：

15　參見《新疆文物》，文物出版社 1973 年版。

16　《冊府元龜》卷九九一《外臣部·備御四》，中華書局 1982 年版；又見兩《唐書·高
　　昌傳》。

永徽之初，再懷故裡，都督麴智湛以公衣纓重望，才行可嘉……
奏授本州行參軍。[17]

張團兒墓誌稱歸高昌後，授交河縣尉。同時，又啟用留在高昌舊地未
內遷之麴朝官吏，前引《王歡悅妻麴氏墓誌》稱：

至都督歸國，知湛部分，強干灼然，遣攝天山縣丞。

從而表明高宗在太宗處置麴朝「官人頭首」及當地大族取得成效的基
礎上，進一步發揮他們在鞏固唐邊陲地區，以利與西突厥的爭奪「西
域」的控制，保護河西走廊。

內徙張氏一族各支，正是在這樣的背景下，於永徽初復又遷回高
昌。而張安造像題記表明，張氏依然有人留居洛陽不歸。吐魯番出土
洛州寄達西州的書函也證實了這一點。但作為整個高昌地區大族而
言，已失去了舊時顯赫的政治地位。在唐朝中央不見有高昌地區的大
族人物充任高官。麴智湛雖在永徽二年（651）任西州都督，但至遲在
麟德二年（665）已是崔智辯任都督。[18]張懷寂最高不過做到武威軍之
總管。張氏一族其他人員，則所見均在折沖府中充任各級軍官，已不
復再有當年的顯赫地位。作為張氏一族，據吐魯番出土墓誌所載，凡
在麴朝時所撰墓誌，皆稱「敦煌」人，入唐之後墓誌，皆稱「南陽白
水」。張安題記中，既不稱「敦煌」，復又不用「南陽白水」，而行用
「高昌」，似乎亦反映了由於統一，從而失去了過去政治經濟特權，由

17　羅振玉《西陲石刻錄》，原誌今藏新疆博物館。

18　《新唐書》卷三《高宗紀》，中華書局 1975 年版。

此而產生的懷舊感。

（原載黃約瑟、劉健明合編《隋唐史論集》，香港大學亞洲研究中心 1993 年版）

唐代「均田制」實施過程中「受田」與「私田」的關係及其他

　　由於敦煌、吐魯番兩地出土唐代沙、西二州文書的刊布與研究充實，我們更進一步明白了唐代均田制推行的種種特性與細節。正由於中外學人的努力，對均田制的研究取得了豐碩成果。

　　眾所周知，均田制的推行，並不意味著觸動了封建大土地所有制。據《舊唐書‧於志寧傳》載稱：

　　與右僕射張行成、中書令高季輔俱蒙賜地，志寧奏曰：臣居關右，代襲箕裘，周魏以來，基址不墜。行成等新營莊宅，尚少田園，於臣有余，乞申私讓。[1]

按於志寧為北周太師燕公於謹之曾孫，父為隋之內史舍人。志寧本人亦曾為隋末冠氏縣長，李淵起兵將入關，志寧「率群從於長春宮迎接，

1　《舊唐書》卷七八《於志寧傳》，中華書局 1975 年版，第 2699 頁。

高祖以其有名於時，甚加禮遇」。故此亦足表明，雖各代皆行均田制，但絲毫沒有觸動封建官僚的私有土地。

　　作為唐初另一大臣蕭瑀來說，由於他附唐較晚，他所歷遭遇就有曲折了。本傳云：

　　　　初，瑀之朝也，關內產業，並先給勳人。至是，特還其田宅。[2]

按蕭瑀原是隋河池郡守，本不預義旗，故其田產被沒收。直到蕭瑀降唐以後，並因開始受到重用，其田產方始歸還。從而表明這種土地田產的剝奪，是出於政治的原因。

　　同樣，均田制的實施也不觸動那些自耕農或半自耕農所擁有的小塊土地。這一點，由於吐魯番出土文書的出現，得到了證實。根據《唐貞觀十四年西州高昌縣李石住等戶手實》所記，見有安苦呵延一戶手實，內云：

　　　　合受田八十畝　六畝半已受　[3]
　　　　　　　　　　　七十三畝半未受

今按唐太宗平高昌事在貞觀十四年（640）八月癸巳（28 日），九月始作手實，應是將唐制推行於新平之地，且應在設置州縣之時。因而這種手實之形制，應是唐政府統一頒行之制。也即除了戶主及戶內成員名單，並及該戶按制應「合受田」數，「已受」、「未受」田數，「已受田」之段、畝、方位，所屬灌溉渠名，並及「四至」。

2　《舊唐書》卷六三《蕭瑀傳》，第 2401 頁。

3　參見《吐魯番出土文書》（圖文本）第二冊，文物出版社 1994 年版。

　　就在貞觀十四年九月所作手實中，前引安苦呵延戶內已記「六畝半已受」，又該手實殘卷內之（四），僅就二至六行殘段所見，一闕名戶內，已知有田四段在高昌，有田若干畝在新興。根據該片行一所記，「□□十七畝未受」，該戶究竟應受數不知，未受數據前可知至少有「十七畝」，則二至六行之段、畝數，應是已受田數。

　　以上所見似乎表明作手實之時，唐已於高昌故地推行均田制。但一般皆以《文館詞林》所收《貞觀年中巡撫高昌詔》中所云「彼州所有官田，應分給舊官人、首望及百姓等」[4]，作為西州推行均田制之根據。有關此道詔書的頒行年代，中外學人頗有爭議，但雖有多說，卻無一說認為是貞觀十四年。事實上，唐於是年八月廿八日始平高昌，首先考慮的應是州縣設立、人口等的調查登錄等項工作，而均田只有在對人口土地調查清楚，各級行政機構，乃至下到鄉、裡組織的完備的基礎上，方始能進行。

　　就在初作手實過程中，按照唐統一之例填寫的手實中，出現了已受田的記載，前面我們既然已提到當時尚未推行均田制，此手實中的「已受」田從何而來？這個來源只有一個可能，也即本來歸屬於該戶私有，但在作手實時，一概納入均田制內，作為已受項登錄。這在所有後出文書中，也得到了證實。

　　在《唐開元四年西州柳中縣高寧鄉籍》中一闕名戶內，記已受田二十九畝半三十步永業，根據段畝腳注，屬於買田者有：

9.壹段貳畝永業^陶^{買附}

4　參見《文館詞林》卷六六四。參見岑仲勉《西突厥史編年補闕》，載《西突厥史料補闕及考證》，中華書局 1958 年版。

11.壹段參畝永業^{常田}_{買附}

14.壹段貳畝半永業^{常田}_{買附}

21.壹段肆畝永業^{常田}_{買附}

30.壹段捌拾步永業^{常田}_{買附}

31.壹段貳拾伍步永業^{常田}_{買附}

32.壹段三十步永業^{常田}_{買附}5

以上共七段買田，除一段為「陶」（或即「葡萄」）外，餘皆為常田，總計十二畝十五步，約占已受永業田百分之三十五。這種以買田充入已受田額的記載，不僅見於西州籍中，同時也見諸於沙州籍中，限於篇幅，不再一一羅列。

我們由此可見，在均田制的實施過程中，並不觸動舊有的土地占有關係。即或是擁有小塊土地的自耕農、半自耕農的土地，也不曾觸動。但在均田制施行的情況下，根據前引手實及戶籍，可以看出這些私有土地，均已納入均田制的軌道，並作為「已受」，記入手實、戶籍之中。同時，我們必須明確的是，這種看來似乎矛盾的現象，在現實生活中，絕不會錯位。即私有土地（或先前擁有，或後陸續買得）雖已納入已受永業數內，但遇到種種原因，應作「退田」時，卻又不會因之而損失「私產」。這一點，也在出土文書中得到了證實。

在吐魯番出土的《唐開元二十九年前後西州高昌縣退田簿》中，我們見到第五片所記，有趙善忠「死退」記載，共「死退」永業田六段，其中第一段記載如下：

5　《中國古代籍帳研究》，第 245-247 頁。

　　2.壹段壹畝永業桃　城北貳里孔進渠　東至道　西自至　南李

□□□□6

上述一段「四至」中，「西自至」的記載，表明與該段土地西側相鄰的
一塊土地，應亦屬趙善忠所有。但在趙善忠整個「死退」永業田中，
其餘五段中，有三段分別在高昌縣之東、西、南，另兩段在柳中縣
境。從而表明趙善忠身雖已死，但由於高昌地區人多地狹之特點，「永
業田」亦應退出還公，以供再作「均田」分配之用。這在《唐開元廿
九年（741）西州高昌縣給田簿》中已見反映，今試作表對照如下：

趙善忠退田簿

　　（上略）

4.一段貳畝永業^{部田三易}城東貳拾

里高寧城　東至荒　西至荒　南至荒

5.壹段壹畝永業^{部田三易}城西五里

棗樹　渠東和武　西骨石貞

南至道□□□

6.壹段壹畝永業常田城南一里

索渠　東王住海　西竹蒲利

南曹奴子□□□□

給田簿

　　（上缺）

2.一段貳畝^{部田三易}城東廿里

6　《中國古代籍帳研究》，第401頁。

高寧城　東荒　西荒☐☐☐☐☐

3.☐戎☐給☐勝☐依☐☐☐☐☐

4.一段壹畝^{部田城三易}西五裡棗樹渠　東和☐☐☐☐☐

5.☐戎☐給　趙桃楚☐☐☐

6.一段壹畝常田城南一里索渠　東王仁☐☐☐☐☐

7.☐歸☐給　牛藏☐☐☐☐

由於「給田簿」殘缺較甚，我們並不知道這些重作分配的土地原主屬誰，但是如果以記載較為完整的趙善忠死退記載相比較，我們就不難看出上表對照中所見「給田簿」中之2、4、6三段土地，即趙善忠死退中之4、5、6三段土地。

但作為趙善忠死退記載二行中所見的「西自至」所指那塊土地，並未出現在退田記載之中，從而表明那一塊土地不是通過均田的分配而得到。進入趙善忠名下，它只能是趙善忠生前或得自父輩繼承關係，或如前所引是買得而附入戶籍之中，因而趙善忠雖身死，「永業」田亦退還公，供再作「均田」分配之用。而其私有，則當即由其後人繼承，而不能沒收以供再作分配。

我們反復論證的，不僅僅只是說明在均田制下，並未觸動私有土地制度，甚至連均田民中的一般下層人戶的私有小塊土地，亦未觸動，同時也為了說明在均田制下，手實、戶籍中有關已受土地的登錄，是包括了通過均田令授予的土地，同時也登錄了個人私有土地。從而表明在形式上，把私有的小塊土地，亦納入均田軌道之中，但又並不侵犯這種私有土地主人的利益。最後，我們認為與唐代，戶籍中所記錄的已受土地數字，應是該戶所有土地數字，並不存在戶籍中的已受土地數字是通過均田令所「授予」，而個人私有土地則另行登錄的

現象。

　　由於我們所能依據的戶籍，僅僅是以一般均田民為對象的登錄結果，我們所看到的沙西二州戶籍中，最高也不過是武官中的折沖府之中下級軍官，其餘為勳官之類，我們不僅未見過一位文職中的流內、流外官員，甚或一名里正之類鄉吏亦未曾見到。因此它並不能反映出官員在均田制下，其私有土地是否亦納入均田軌道之中。

　　我們只能說，在以一般均田民為對象的戶籍中，那些只有小塊私有土地的均田民，他們在登錄所有土地時，私有的、以及通過均田制所獲得的土地，一並納入「已受田」之中。除此之外，別無其他分別登錄個人私有土地與均田制施行過程中授予土地的現象。

　　但是，由於根據沙、西二州戶籍、手實的有關記載，我們往往看到「四至」記載中有「自田」或「自至」（前者是沙州籍，後者是西州籍中的專門術語），也即指四至中之一至為相鄰的該戶所有土地。但是往往通過作圖，卻又找不到相鄰的該戶土地。這種現象的出現，我們認為這與胥吏在登錄過程中若有失誤，而又疏於復核時，是很有可能產生的。筆者在《唐「籍坊」考》一文中，列舉了籍坊核查某戶「四至」記載與實際中的誤差[7]，從而表明籍坊工作之作用在於除了保管戶籍外，還有隨時核查的功能。同時，筆者在《唐代「點籍樣」制度初探》一文之附錄中，曾就《唐神龍三年（707）高昌縣崇化鄉點籍樣》作過校勘，指出多處錯誤之所在，從而表明胥吏失職問題嚴重。

　　但是，我們還必須考慮到土地形狀，由於地貌狀況，由於多次割裂分配，形狀未必是規範的。根據《夏候陽算經》所記田形有：

7　朱雷：《唐「籍坊」考》，載《武漢大學學報》（哲學社會科學版）1983 年第三期。參見朱雷《唐代「點籍樣」制度初探》，載《敦煌吐魯番文書初探》二編，武漢大學出版社 1990 年版。

1. 直田 ^{長而廣狹}^{故曰直田}　　2. 腰鼓田形如腰鼓

3. 圓田形如鼓面　　4. 環田 ^{此外周而}^{心空如環}

5. 丸田 ^{形如伏半}^{彈　丸}　　6. 圭田三角之田

7. 弓田形如弓樣　　8. 箕田 ^{一頭廣 8}^{一頭狹}

以上共八種不同形狀之田。總據唐李淳風注釋之《五曹算經》所列舉，則有十八種之多。這些都是算經書中所列諸種田土面積求法公式中所見之不同類型田地。而我們在據戶籍、手實記載作田圖時，往往只想到正方、長方之形，如此情況，要想作出比較正確反映實際的某戶土地圖時，就有困難了。

　　同時，我們所見沙西二州戶籍、手實中有關土地「四至」記載中，勿論任何一「至」，與之相鄰的，皆為一戶之地。事實上，由於均田的分配，尤其是多次的「還授」進行，又由於考慮到盡可能在授田不足的前提下，按丁平均授予一塊（根據西州文書，明確可見，府兵之衛士及丁男，所授田數，要比中老年人多），因而割裂較厲害。因此戶與戶之間的土地，每一「至」所毗鄰相接的決非只有一戶。但唐代的「四至」所見皆只書寫一戶，故而難於反映現實，也就難於據記載作出比較能反映現實關係的田地圖。

　　但是，根據敦煌千佛洞所出五代的有關土地「四至」記載的文書，我們卻見到了有關「一至」相鄰有兩戶記載的現象，今舉例如下：

　　在《唐大順二年（891）正月沙州翟明明等戶狀》中，翟明明所請南沙陽開南支渠地壹段陸畝，「四至」記載為：東至子渠，西至氾麴子並荒沙，南至氾麴子並翟定君，北至道。又杜常住戶內，地壹畦共四

8　《夏侯陽算經》，《叢書集成》本。

畝，其「四至」記載：東至道，西至康苟員及田曹九，南至田曹九，北至朱骨崙。[9]

其餘如《後周廣順二年（952）正月一日百姓索慶奴戶狀》、《宋雍熙二年（985）正月一日百姓鄧永興戶狀二件》、《宋端拱三年（990）沙州鄧守仁等戶狀》、《宋至道元年（995）正月沙州曹妙令等戶狀》、《翟員子戶等請田簿》等九件文書中，可見不少記載某一至與之相鄰的不止一戶。[10]

誠然，我們見到的唐末至宋之有關記載，總的講，每塊土地面積，均大大超過此前之沙、西二州籍中的記載，特別是大大超過西州籍，田土面積既然大，與之相鄰的他戶土地也勢必可能為多。但沙州籍與手實中，亦非無一段土地面積為十畝、二十畝以上者，僅以《唐大曆四年（769）沙州敦煌縣懸泉鄉宜禾里手實》中，第四十一行索思禮戶內，有一段土地面積達一頃十九畝之多，但其所書「四至」，每「一至」皆只有一戶地相鄰。[11]事實上，整個大曆四年手實中，某戶一段土地面積在十畝以上者，亦有多戶，但無論每段土地面積多大，所見記載，每「一至」相鄰皆只一戶。從而反映了在唐代正由於「四至」記載過簡，因而要想根據記載來作出田圖之復原，亦是有困難的。

綜上所考，在眾所周知的「均田制」並不觸動舊有的私有土地所有制前提下，我們所要說明的是，作為尚有一小塊私有土地的均田民來說，在推行均田制過程中，他們的私有小塊土地，亦納入均田軌道

9　唐耕耦、陸宏基：《敦煌社會經濟文獻真跡釋錄》第二輯，全國圖書館文獻縮微複制中心，1990年。

10　唐耕耦、陸宏基：《敦煌社會經濟文獻真跡釋錄》第二輯。

11　唐耕耦、陸宏基：《敦煌社會經濟文獻真跡釋錄》第一輯，書目文獻出版社1986年版。

之中，作為「已受」數記入手實和戶籍之中，似乎已成為國家授予之地，而國家不承認私有土地的存在。因此，在唐西州蒲昌縣戶等簿中，在計算各戶財產中，除見有「菜園」、「塢舍」外，不見一寸土地的記載就可能與之有關了。

同時，既然私有土地（包括繼承或是後來買得）業已全部作為「已受」，記入手實或戶籍之中，那麼在一戶內出現所有地段土地記載完整的情況下，據記載作圖，在有某一至記載相鄰一塊為「自田」（或作「自至」）卻又往往不能找到相鄰的「自田」時，其原因就有可能是：一、記載錯誤；二、記載原無誤，但與之相鄰之一側，未必只是一戶，甚或有兩戶，但原則照例只記一戶，因而難於找到；三、那就因為土地田畝每段未必形制規整如一，因有多種形狀，故亦難於作圖表示。但無論如何，在唐代不存在戶籍中所記之田畝皆「均田制」授予、而私有土地則另有記載登錄的現象。

（原載《魏晉南北朝隋唐史資料》第十四輯，武漢大學出版社 1996年版）

吐魯番出土唐「勘田簿」殘卷中所見
西州推行「均田制」之初始

　　吐魯番哈拉和卓 1 號墓，據文書整理者稱：「本墓經盜擾，無衣物疏，亦無墓誌。所出文書兼有麴氏高昌及唐代。其有紀年者，最早為高昌延壽十六年（639），最晚為唐貞觀十四年（640）。」[1]

　　由於缺乏該墓發掘報告，故難以判斷該墓之年代下限。但該墓既出有「手實」殘片，又出有貞觀年間之「鄉帳」，而「手實」作於貞觀十四年九月，「鄉帳」必始作於唐在西州實行「均田制」及「租庸調制」之後。故推斷該墓下限有可能在唐高宗即位之前或稍後。

　　該墓出土文書，經整理者初步分類拼合為十一件。[2]其中第七、八、九、十諸件，形制與內容記載方式皆同：首記人名（應是該戶戶主之名），下記該人擁有田土之東、西、南、北「四至」方位。這在敦煌吐魯番出土唐代文書中，如「手實」、「戶籍」、退田、授田等類文

1　《吐魯番出土文書》（圖文本）第二冊，文物出版社 1994 年版，第 5 頁。

2　《吐魯番出土文書》（圖文本）第二冊，第 12-17 頁。

書，皆可見到。追溯其源，至少在西漢時的有關「地券」即有如是記載。文書末記「合田」若干，即該人擁有該段土地之面積。

　　整理者在為此數件文書定名時，出於傳世文獻之缺乏，不知當時唐政府法定此類文書應作何類、何名，亦無法在眾多文書中找到同類項及當時所書寫的「題名」，僅據文書之記載特點，暫擬名為「勘田簿」。仔細考察此數件「勘田簿」，不僅可看出該簿之特點，亦可推斷其製作的目的，即為施行「均田制」做最為必要的前期準備。換言之，該「勘田簿」就是唐平高昌後，為了解西州高昌縣民各戶實際占有土地狀況以推行均田制而作的。

　　今擇其中記載較為完整之七、八兩件，分別據文做示意圖考之。

七、唐西州高昌縣順義等鄉勘田薄

（一）[3]

4.嚴懷保田東渠　　西嚴候歡　　南渠　　北毛慶隆　　合田六畝
5.毛慶隆田東渠　　西道　　南嚴懷保　　北翠慶會三畝十二步
6.翠慶會田東渠　　西道　　南毛慶隆　　北道　　合田六畝

據以上三人田畝「四至」記載，可做出如下示意圖：

3　《吐魯番出土文書》（圖文本）第二冊，第12頁。

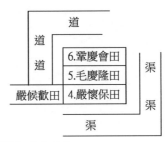

又文書第八至九行內容如下：

8.鄧女熹田東渠　西道　南何祐所延　北道　合田一畝半

9.何祐所延田東渠　西道　南□□□　北鄧女熹　合田一畝

據以上二人所有田畝「四至」記載，可做出如下示意圖：

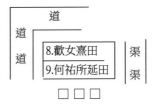

文書第（二）片第二至三行內容引錄如下：

（二）[4]

2.令孤延達東令孤泰女　西縣尉田　南衛峻貞　北道　合田二畝九步

3.大女令孤太女田東戶曹　西令孤延達　南衛峻貞　北道　合田二畝九步

4　《吐魯番出土文書》（圖文本）第二冊，第13-14頁。

據此二人所有田畝「四至」記載，可做出如下示意圖：

又引該片文書第四至五行內容如下：

　　4.馬幸智田東渠　　西渠　　南令孤相伯　　北渠　　合田二畝

　　5.和文幸田東渠　　西令孤相伯　　南道　　北渠　　合田二畝半六十步

據此二人所有田畝「四至」記載，可做出如下示意圖：

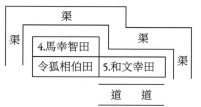

文書第七至八行又記：

　　7.趙歡相田□□□南毛客仁子　　北渠　　合四畝

　　8.毛客□□□南高文會　　北趙歡相　　合□□□

據行七所記，趙歡相田之南鄰為毛客仁子，又據行八主人殘剩「毛客」二字，而其田北鄰為趙歡相，故該行土地主人「毛客」下所缺，應是「仁子」二字。今據此二行所記，可做出如下示意圖：

又引文書第九至十行內容如下：

9.孟懷☐☐☐仁子　南高歡受　北張屍舉　合☐☐☐
10.張屍舉☐☐☐　南孟懷　北孟歡信　合田一畝

據二人田畝殘剩「四至」記載，做示意圖如下：

又引文書第（三）片第一至二行內容如下：

（三）⁵

1.田阿父師田東渠　西大女田眾暉　南張海子　北范明歡　合田四
畝半
2.　　　☐☐☐東渠　西大女田眾暉　南道　北田阿父師

據第一、二行「四至」記載，可知行二前缺之人必為張海子無疑，故

―――――――――――

5　《吐魯番出土文書》（圖文本）第二冊，第14頁。

做示意圖如下：

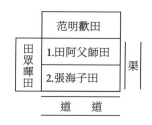

八唐西州左照妃等勘田薄[6]

（一）[7]

1. ☐☐二畝　東呂延海　西左照☐☐仁　北嚴祐相
2. 　合田二畝
3. 左照妃田二畝
4. 東大女張如資　西道　南大女車☐☐祐相

據行一「西左照□」，行四左照妃田之「東大女張如資」，可知行一首
缺應為張如資，而且張如資田北之嚴祐相，當即左照妃田北之□□
相，故可做示意圖如下：

以上所做之田圖，因恐記載缺漏或訛誤，故僅能示意其相互關係。但

6　《吐魯番出土文書》（圖文本）第二冊，第 15-16 頁。

7　《吐魯番出土文書》（圖文本）第二冊，第 15 頁。

據此即可看出如下之特點：

　　一、僅從上引文中，已多處見到「大女」這一只見於唐西州戶籍之專指女性，而勿論丁、中、婚否（或夫亡），凡為戶主之特稱。此制不見於麴氏高昌，足證唐平高昌後，即行按唐制推行於西陲所設州、縣地區；同時表明先做人戶調查後，即做土地調查，以利「均田制」的推行。

　　二、依上所做諸示意圖，足見「勘田簿」的製作，依人戶、土地關聯入手，故有多人土地緊密相鄰。而這種情況，在敦煌、吐魯番兩地出土唐沙、西二州諸縣戶籍中，尚屬罕見。個中緣由，很可能是唐平高昌後，不僅僅只據民戶個人申報，而且還做了實地勘察，並對土地進行了重新丈量之結果。麴氏高昌既滅，唐在當地按政令推行一切制度，而麴朝舊畝制可能有別於唐，要推行「均田制」，就必須全面掌握原有的土地占有情況。

　　上述說法若能成立，則前引第七件《唐西州高昌縣順義等鄉勘田簿》之片（二）中第七、八、九、十行所記應相互關聯：

7.趙歡相田□□□□南毛客仁子　北渠　合四畝
8.毛客□□□□南高文會　北趙歡相　合□□□□
9.孟懷□□□□仁子　南高歡受　北張屍舉　合□□□□
10.張屍舉□□□□南孟懷　北孟歡信　合田一畝

如上文所述，據行七之「毛客仁子」，知行八「毛客」下缺「仁子」二字；以逐地丈量勘田登錄，則行九之「仁子」前亦缺「毛客」二字，故前所做兩幅示意圖，可拼合為一：

```
        _____
           渠        （殘記）
        _____
      ┌─────────┬─────────┐
 （   │ 7.趙歡相 ┊10.張屍舉田│ （
  殘  │         ┊         │  殘
  記  ├─────────┼─────────┤  記
  ）  │ 8.毛客仁子田│ 9.孟懷田 │  ）
      ├─────────┼─────────┤
      │ 高文會田 │ 高歡受田 │
      └─────────┴─────────┘
```

　　三、各人戶土地登錄表明各自皆只有一段，畝數雖各有別，但全不見各人戶有兩段者。這種情況在敦煌吐魯番兩地所出沙、西兩州諸縣戶籍中實屬罕見。在唐代，由於實行「均田制」較頻繁出現的「還」與「授」，特別是「授田」時，考慮到諸如土質、距住處遠近等多種因素，故「授田」面積小，一戶「受田」分散在諸處而不相連。這正是推行「均田制」時期的一個特色。[8]由此亦足證「勘田簿」中所反映的人戶土地占有狀況，正是麴氏高昌王國滅亡後，唐於其地置西州高昌縣，開始逐步推行各項政令，而為實行「均田制」所做的前期工作，通過勘察了解可供用作「均田」之土地總數，並了解人戶實際已占有土地之總數及各人戶所擁有土地，從而制定一縣具體的「應授」標準。作為「均田制」，依田令原則上「一丁百畝」，但實際還應考慮各地應授田與實際土地數量之差別，即所謂「寬鄉」與「狹鄉」之別。[9]由此可見，「勘田簿」之作用，即為西州行「均田制」之必不可缺的前提。但也正因這是唐朝統治下西州高昌縣的「勘田薄」，官府對該縣人戶所占土地做如此詳盡的調查，恰好反映了麴氏高昌統治末期一般百姓土地占有實況，而在大量出土麴氏高昌文書中，卻不得見到。因此，這

8　參西嶋定生《從吐魯番出土文書看實施均田制的狀況—以給田文書和退田文書為中心》，原載《西域文化研究》之二《敦煌吐魯番社會經濟資料》（上、下），中譯文載姜鎮慶、那向芹譯：《敦煌學譯文集》，甘肅人民出版社1985年版，第168-474頁。

9　參見拙作《唐代「均田制」實施過程中「受田」與「私田」的關係及其他》，載《魏晉南北朝隋唐史資料》第十四輯，武漢大學出版社1996年版，第80-85頁。

也為研究麴氏高昌時期土地占有狀況提供了珍稀的資料。

（原載《魏晉南北朝隋唐史資料》第十八輯，武漢大學出版社 2001
年版）

唐代「手實」制度雜識
——唐代籍帳制度考察

　　有唐一代籍帳制度，因得力於敦煌、吐魯番兩地唐代文書的發現，故能結合文獻資料，考究其制度之原貌。筆者數年前在參加吐魯番出土文書整理過程中，曾就籍帳制度中的一些問題進行探索，「手實」制度即其一則。但由於一些原因，未能發表。目前國內外學者對此問題已有研究發表[1]，故今亦無須重復贅述，此處僅作些拾遺補闕之事，略述一二。

　　關於「手實」的制定，根據文獻資料，固然由各戶戶主申報，而里正等胥吏在制定過程中，也起到很大作用。這一點，在出土文書中亦可見到有關記載。吐魯番阿斯塔那 35 號墓所出《唐永淳元年（682）西州高昌縣下太平鄉符為檢兵孫海藏患狀事》內，記唐高宗儀鳳四年（679）波斯道行兵孫海藏因征途中病發，不堪前行而被安置在交河縣

1　參見〔日〕池田溫《中國古代籍帳研究》概觀第三章《唐代的造籍：手實與計帳》。宋家鈺：《唐代手實初探》，載《魏晉隋唐史論集》第一輯，中國社會科學出版社1981年版。《唐代的手實與計帳》，載《歷史研究》1981 第六期。

地休養。

今造手實，巡兒恃（持）至。[2]

這裡表明，在造手實之際，官府還派有「巡兒」搜索，此處的「巡兒」，至少是指造手實時的里正與「書手」，可能還有其他胥吏。他們在造手實時，不僅僅只是被動地根據當地土著居民的申報來填造手實，同時還要搜檢當地當時所有客寓之人。因而留在交河縣養病的孫海藏雖是高昌縣人，此次亦有軍中所給患病留養之「公驗」，並由當軍長官牒文，「具患狀牒州，州符下縣收捉訖」，但遇上造手實時，依然不免被「巡兒」捉去，進行反復調查，因此，在造手實的過程中，也可說是同樣具有類似「括客」的職能。

其次，手實的制定固然首先由各戶戶主申報當戶戶內人口的姓名、性別、年齡等，但也非由戶主任意申報，而這一切首先取決於「團貌」。唐制規定縣令的職掌：

所管之戶，量其資產，類其強弱，定為九等。其戶皆三年一定，以入籍帳。若五九（謂十九、四十九、五十九、七十九、八十九）、三疾（謂殘疾、廢疾、篤疾），及中丁多少、貧富強弱、蟲霜旱澇、年收耗實、過貌形狀及差科簿，皆親自注定[3]。

又據武周延載元年（694）八月敕：

2　引自楊德炳《關於唐代對患病兵士的處理與程糧等問題的初步探索》，載《敦煌吐魯番文書初探》，第 487 頁。

3　《大唐六典》卷三〇「京畿及天下諸縣令之職」條。

　　諸戶口計年將入丁、老、疾應免課役及給侍者，皆縣親貌形狀，以為定簿。一定以後，不得更貌。疑有奸欺者，聽隨事貌定，以付手實。[4]

以上兩條史料結合起來，我們可以看到作為縣令最重要的工作之一，就是「親貌形狀」，或云「過貌形狀」。其內容則是「諸戶口計年將入丁、老、疾，應免課役及給侍者」，並「以為定簿」，即指制定「貌定簿」。完畢後，則「以付手實」。

　　至於「團貌」（亦稱「貌閱」）時間，根據唐玄宗開元二十九年（741）三月二十六日敕：

　　天下諸州每歲一團貌，既以轉年為定，復有籍書可憑，有至勞煩，不從簡易，於民非便，事資釐革。自今已後，每年小團宜停，待至三年定戶日，一時團貌。[5]

可知在開元二十九年以前，每年皆「團貌」一次。大約這類團貌不過是按舊記載「以轉年為定」，復憑藉所造戶籍，就在推算中制定新的「貌閱簿」，而無須縣令去親自「過貌」、「親貌」，因而稱為「小團」，以區別於每三年定戶等時進行的「團貌」。故而玄宗決定廢除這種並無多大實際意義，僅據推算而進行的「小團」，從而改為三年一次。

　　但是，根據天寶九載（750）十二月二十九日敕：

4　《唐會要》卷八五《團貌》，商務印書館 1962 年版；《冊府元龜》卷四八六《邦計部》，中華書局 1982 年版。

5　《唐會要》卷八五《團貌》。

> 天下郡縣，雖三年定戶，每年亦有團貌，計其轉年，合入中男、成丁，五十九者，任退團貌。

似乎前引開元二十九年三月二十六日敕書中，關於停止每年「小團」的規定，後來又取消了，恢復到每年一次「團貌」。「團貌」後所制定的「簿」，「以付手實」，也即是作為制定手實的依據。這一點，在手實中關於「年」的記載，自不待言。關於「疾」的情況，從吐魯番出土的《武周載初元年（690）高昌縣寧和才等戶手實》中所記，亦可見到有關記載：

> 戶主王隆海　年伍拾壹歲　篤疾

這裡王隆海所申報的「年」與「狀」，很顯然並非個人任意所云，而是「貌閱」的結果。因此，手實制定最根本的前提是「貌閱」，「貌定簿」是直接為制定「手實」提供「年」與「狀」的根據。

如上所云，「貌定簿」是制定「手實」的重要根據，而戶籍又是據手實等所制定的。因此，「貌定簿」並不直接與「戶籍」發生關係。《唐會要》卷八五籍帳所記：

> 諸戶籍三年一造，起正月上旬，縣司責手實、計帳，赴州依式勘造。

這裡提到的定戶籍所憑藉的諸種文簿中，並無「貌定簿」一項，而事實上主要是手實。但在敦煌、吐魯番兩地出土的唐代戶籍中，於戶內人名、年齡下，往往見到「貌加」及「貌減」的腳注記載，今試舉兩

條如下：

　　　　　拾陸歲　中男　證聖元年籍玖歲萬歲通天貳年帳後貌加

　　　　　姑漢足　年柒拾玖歲　老寡　開元拾陸年籍柒拾玖其帳後貌減三年就實

前條出《武周萬歲通天二年（697）帳後柳中縣籍》，後條出《唐開元十九年（731）柳中縣高寧鄉籍》，其中都記載了在某年經過了「貌閱」而重新加、減年歲。這裡似乎表明了「貌閱」的結果，直接提供給戶籍作修改人之年歲的依據。但前引延載元年八月敕中已云貌閱畢：「一定以後，不得更貌。疑有奸欺者，聽隨事貌定，以付手實。」這表明除了按法令規定的年限「貌定」外，如發現有可疑的，也可隨時進行「貌定」。上述兩例則應是在造籍帳之後，發現有可疑之處，而後經過「貌閱」，發現有以減年的手段，由中男降為「小男」；有以增年的手段，以入八十歲的界限，故經過「加」和「減」而「就實」。這種「隨事貌定」的結果，依然是「以付手實」，而不是「戶籍」，故上面兩籍中的「貌加」與「貌減」，依然是據手實的結果改動的。所以說，手實的基礎是「貌閱」。當然不僅只此，在制定時，還與官、勳授受的「告身」，土地授受之「給田簿」等等有密切關係，但最主要的還是「貌閱簿」。

　　關於手實制定的年限問題，史無明文記載。吐魯番所出唐代手實雖有七件之多，但大多缺少紀年，亦難排出明顯的時代順序。根據《新唐書》卷五一《食貨志》記：

　　凡里有手實，歲終具民之年與地之闊狹，為鄉帳。鄉成於縣，縣

成於州，州成於戶部。又有計帳，具來歲課役，以報度支。

這段記載頗難理解，當是因有訛脫之處。而且這裡涉及手實、鄉帳、計帳三者的關係，頗為複雜，只有留待另文專門討論。這裡所要解釋的只是手實制定的年限，故只能簡單指出唐代有計帳、鄉帳之制，一年一造，縣據下屬各鄉之鄉帳，造一縣之計帳，再由州總合屬縣之計帳，造一州之計帳，申送戶部。《通典》引開元賦役令云：

　　諸役課，每年計帳至尚書省，度支配來年事，限十月三十日以前奏訖。

可知計帳類似一種財政預算收入統計，而它是據諸鄉所造鄉帳綜合而成。計帳每年一造，鄉帳也當然是一年一造。這一點，吐魯番所出高昌縣諸鄉戶口帳中也可見到。在造帳的諸里正保證辭中，最後皆記如下詞句：

　　牒件通當鄉去年帳後已來新舊……[6]

表明鄉帳一年一造，本年所造，應反映上年所造鄉帳以來的新變化，如戶與口之增減，故云「通當鄉去年帳後已來」。

　　既然鄉帳、計帳都是一年一造，以反映每年課役對象數字的變化，那麼，作為最基本依據的手實，就不能不反映每年的新變化，因

6　《吐魯番出土文書》第四冊所載諸鄉戶口帳。按諸件皆有殘缺，本文此處該句，是據諸件殘文合擬而成。

而也應是每年一造。因此上引《新唐書》上的有關記載，可以理解為每年歲終造手實，在此基礎上，制定一鄉之鄉帳。吐魯番阿斯塔那古墓葬區所出《唐西州高昌縣順義鄉諸里帳（草）》，內中有一種很有趣的記數法，今僅摘抄該鄉和平里統計如下：

和 平
老 戶 尚　寡戶¹
丁戶尚尚尚尚尚尚尚尚　小戶半
次戶¹⁷

很顯然，這是按手實作鄉帳統計時，分別統計老、丁、中、小、寡諸戶的總數，用「尚」字作籌，猶如今之劃「正」字。一個「尚」字代表「十」的計數。[8]

前面講到「貌閱」制度時，表明至少在開元二十九年以前，天寶九載之後，每年皆有一次「團貌」。因團貌結果還要「以付手實」，似亦可表示手實每年一造。因此，這裡也反映了手實的作用，它不僅是為每三年一造的戶籍提供最主要的依據，同時還為每一年一造的鄉帳提供統計每年戶口新、舊、老、小、良、賤、見輸、白丁等等的變化的唯一根據。

根據戶令，唐代戶籍是三年一造。而三年內人戶的某些變化，如前所云「貌加」、「貌減」之類，也是據手實而作更動。因此，反映每年變化的首先是手實。而需要了解每年變動以確定「來年課役」的計

7　《吐魯番出土文書》第四冊，文物出版社 1983 年版，第 83 頁。原件有勾劃符號，因排版有困難，故略去。

8　參見蔣禮鴻《敦煌變文字義通釋》（增訂本），上海古籍出版社 1981 年版。

帳、鄉帳，也必然是依據一年一造的手實。假如說計帳、鄉帳是一年一造，而手實如同戶籍一樣，是三年一造，則手實並不能反映每年的變化，它只能是每三年一次的反映三年內的變化，據此而造的鄉帳、計帳必然不能反映每年的變化。所以每年一造鄉帳與計帳，也就必然要求每年一造手實。在吐魯番出土文書中，我們見到有《唐載初元年西州高昌縣寧和才等戶手實》，據記該手實作於載初元年一月。據《舊唐書》卷四《武則天本紀》云於永昌元年（689）十一月，依周制，改元為載初元年正月，十二月為臘月，寅月為一月。該手實造於載初元年（690）一月，干支為庚寅。而《唐六典》卷三《戶部》云每定戶以中（仲）年（子、卯、午、酉），造籍以季年（丑、辰、未、戌），庚寅既非定戶之年，亦非造籍之年，此亦可證非是三年造籍之時方才造手實。

　　根據唐令規定：

　　諸州縣籍、手實、計帳當留五比。[9]

則手實在制定後，並非在為計帳、戶籍制定提供依據完畢後，即刻銷毀，而是如同戶籍、計帳等一樣，保存在州、縣的「籍坊（庫）」中。如是這樣，則次年另造手實時，並不與去年手實原卷接觸，而是另外重新書寫一份。在前面已提到的載初元年寧和才等戶手實中，我們發現了一些有趣的記載，這份手實紙質好，書寫工整，背面騎縫蓋有高昌縣之印，是目前吐魯番出土手實中保存最完整、記錄戶數最多的一份，在該手實的第一段中記載：

9　《大唐六典》卷三《戶部》。

戶主寧和才秊（年）拾肆歲

母趙秊伍拾貳歲

妹和忍秊拾參歲

右　件　人　見　有　籍

姊和貞　秊貳拾貳歲

姊羅勝秊拾伍歲

右　件　人　籍　後　死

這裡提到的「籍」，我認為至晚應是永昌元年（689）所造，該年干支為己丑，適逢造籍之年，但目前尚未發現實物。根據出土文書，我們知道垂拱二年（686）造過籍，手實中的「籍」也可能是指後者。大約到了載初元年造手實時，因寧和才與其母、妹尚健在，且無脫漏戶籍，故注「見有籍」。然其二姊可能死於永昌元年造籍之後，故注「籍」後死。

在該手實的第八段內：

父婆子　秊（年）伍拾玖歲　職資

　　右件人籍後死

妾羅秊　貳拾玖

男思安秊　壹歲

女元竭秊　貳歲

　　右件人漏無籍

女保尚　如意元秊九⑤（月）上旬新生附

本段中所提及的「籍後死」，應與前引所記相同，皆指在上次造籍後發

生亡故，記入本次所造手實中。「漏」據唐律，即指「漏口」[10]，此處指妾羅等三人在上次造籍時未附，到本年造手實時始發覺原「漏無籍」，故除將妾羅等三人登上手實，並於後注明原因。

但是，這裡引人注意的則是女保尚名下腳注：

如意元年九月上旬新生附。

按武則天於天授三年（692）四月朔改元如意，九月庚子又改元為長壽元年。如意元年干支為壬辰，上距本手實製作之時約三個年頭。據前考，手實在造畢後，亦同戶籍一樣，保存十五年，但本件卻記入了三年後之事。如意元年干支為壬辰，適逢造籍之年，何以不作當年新手實，而在前三年應已入籍坊保存之舊手實中補記當年之事？

我們以阿斯塔那出土的貞觀十四年（640）李石住、安苦呴延等戶手實及其他貞觀年間殘手實與載初元年手實作比較，就可發現二者文書書寫格式有一不同之處，前者在書寫戶內人名年齡之後，緊接著書寫土地授受情況（包括已受未受數，以及已受田地的段、畝數與四至），其後緊接著書寫保證辭，三項之間，並無特別的空隙出現。相反，後件手實在與之相同的三項之間，保留有相當的空隙。這種現象的出現，絕非是毫無任何意義的。我們知道，唐代推行著一套嚴格的籍帳制度，不僅有著種種的法令條文，而且各類籍帳書寫的程式，亦有嚴格規定。《唐會要》卷八五《籍帳門》所引唐開元十八年（730）十一月敕云：

10　《唐律疏議》卷一二《戶婚‧里正不覺脫漏增減》條疏議曰。

　　諸戶籍三年一造……有析生新附者，於舊戶後，以次編附。

這雖是開元十八年敕，但關於三年一造籍以及「析生新附」的規定，
就是重申舊制。由此推測，在載初手實中出現不同於貞觀手實的變
化，正是為了今後發生「析生新附」以及土地因授受而有增加時，留
有空白，供「以次編附」之用。因此，發生在如意元年九月上旬的「析
生新附」便編附入載初元年一月所造的手實中了。

　　由此，我們推測手實是每年一造，在貞觀年間手實甚至還是每年
重新編造一份。大約最遲在武周載初元年造手實時已發生上述的變
化，表明每年造手實時，未必都重新編造一份，而是在此前所造手實
中所保留的空白處，填入新的變化。至於要到何時再重作一份，由於
史無記載，目前出土文書亦尚不完整，故不知其制度，留待於今後考
古發掘的新發現去解決。

　　在手實中，特別是在貞觀十四年手實中，我們還看到戶主所作保
證辭中，都有如下一句：

　　牒被責當戶手實具注如前，更無加減，若後虛妄，求依法受罪，
謹牒。[11]

「加減」二字，在唐律中則寫作「增減」。「加」、「增」二字義同，自
不待辯。唐律中還進一步指出，「增減」即指「增減年狀」。該條之注
則云「年狀」即指「謂疾、老、中、小之類」。而該條律文的疏議更明

11　《吐魯番出土文書》第四冊所載貞觀年間諸手實中之保證辭皆不完整，本文所記，是
　　就各手實殘片合擬而成。

確指出其義即：

　　增年入老，減年入中、小及增狀入疾。其從殘疾入廢疾，從廢疾
入篤疾，廢疾雖免課役，若入篤疾，即得侍人。[12]

很明顯，律文正為手實中的保證辭——保白作了詳盡的說明。突出「更
無加減」，也即是保證該戶內無有「增減年、狀」之事發生。我們知
道，唐初行均田及租庸調之制，故重「以人丁為本」，這一點在籍帳制
度中尤為明顯。封建國家只有控制最大量的直接生產者，才能保持封
建賦役剝削得以實現。這裡除了一個數量的問題外，特別重要的還有
一個是否能夠承擔賦役剝削的問題，這就和直接生產者的「年」和
「狀」有關了。

　　前引《唐六典》卷三〇中提到的必須由縣令「親自注定」的有「五
九」及「三疾」兩項，所謂「五九」，這條注文中云：「謂十九、四十
九、五十九、七十九、八十九。」而武周延載元年八月敕中雖未言及
「五九」之數，但指出「諸戶口計年將入丁、老、疾應免課役及給侍
者，皆縣親貌形狀，以為定簿」。顯而易見，「五九」、「三疾」是與入
丁、老、疾，及是否承擔課役等有密切關係的，故唐律中嚴格規定：

　　脫口及增減年狀（謂疾、老、中、小之類）以免課役者，一口徒
一年，二口加一等，罪止徒三年。其增減非免課役及漏無課役口者，
四口為一口，罪止徒一年半。即不滿四口，杖六十（部曲、奴婢亦

12　《唐律疏議》卷一二《戶婚・脫戶條》，第232頁。

同）。[13]

貞觀年間手實的保證辭中所云「更無加減，若後虛妄，求依法受罪」，應即指依上述之法，因而「加減」之中，法律尤重「免課役」這條，所以縣令在定「五九」、「三疾」時，就要親自出馬，以貌形狀了。

關於唐代的丁、中以及均田、賦役制度，據《唐六典》云：

凡男女始生為黃，四歲為小，十六歲為中，二十有一為丁，六十為老……凡給田之制有差：丁男、中男以一頃（中男年十八已上者，亦依丁男給），老男、篤疾、廢疾以四十畝……課戶每丁租粟二石，其調隨鄉土所產綾、絹、絁各二丈，布加五分之一……凡丁歲役二旬。[14]

據上，可知「年」、「狀」與授田及賦役制度有著密切關係。不僅如此，而且法律條文中許多條款的執行，亦與之關係密切。以下僅就「五九」、「三疾」與封建賦役關係，進行大略的說明。

所謂「十九」，據前引《唐六典》條文，應是中男。唐制十六至二十皆為中男（玄宗世，又提高成丁年齡），但中男卻因年歲不同而又有不同待遇。故在鄉帳統計中是有區別的。吐魯番出土文書中有如下記載：

……

☐☐☐☐中男

13　《唐律疏議》卷一二《戶婚・脫戶條》，第232頁。

14　《大唐六典》卷三《戶部》。

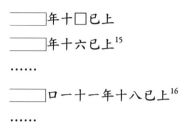

據後一條，知上條「年十□已上」句之脫文，應是「八」字。鄉帳中作出中男總計項下，還區分十八已上、十六已上兩項，正是因為考慮到其與授田等有關係，故有此舉。十八以上中男即同丁男一樣授田，是否同樣承擔租調及役的負擔，令文中並未明言。但據《唐六典》這段引文，在講「給田之制」時，丁、中男並列，均受田一頃，且加注說明中男限十八以上，依丁男給。而後面講租調及役時，皆明言按丁徵，似已將同樣受田之十八以上中男排除在外。猶如令文中關於老男、篤疾、廢疾、寡妻妾授田若干，但亦不承擔丁男所承擔的租調及役。又據唐開元二十五年（737）戶令云：

> 諸戶主皆以家長為之，戶內有課口者為課戶，無課口者為不課戶，諸視流內九品以上官及男年二十以上，老男、廢疾、寡妻妾、部曲、客女、奴婢，皆為不課戶。[17]

按文中「男年二十以上」之「上」字，應為「下」字之訛，「皆為不課戶」之「戶」字，應為「口」字之誤，這里正表明「二十以下」的中

15　64TAM5：97（a）、102（a）、67（a）。

16　64TAM5：94（b）、100（b）。

17　《通典》卷七《食貨》。

男亦屬不課口。在吐魯番文書中，亦可找到證據，今摘錄部分錄文如下：

　　　　（前缺）
1.□二
2.□二職[資]
3.□一領[岸][頭]府旅帥
4.□□□官□騎尉
5.　　　中男
6.　　　年十□已上
7.　　　年十六已上
8.　　　[男]
9.　　　[男]
　　　　（後缺）[18]

本件前後俱缺，行六「十」字下缺文，前已考應為「八」字。又行八、九俱缺損過多，只殘剩一「男」字，但參照其它鄉帳，知中男後為「小男」、「黃男」二項。此件雖殘損，不知作何統計，但將「中男」與「黃男」、「小男」以及「職資」並列，顯然是里正在造帳時，按相同類項歸納統計在一起的。在唐代小男、黃男不屬授田對象，同時也不承擔賦役，作為二職資（一為折沖府旅帥，另一雖有脫文，但亦知必為勳官無疑）雖授田，但都屬於不課口。[19]既然十八已上中男與不課口同在

18　64TAM5：97（a）、102（a）、67（a）。

19　唐長孺：《唐西州諸鄉戶口帳試釋》，載唐長孺主編《敦煌吐魯番文書初探》，武漢大學出版社 1983 年版。

一統計之內，表明了他們盡管如同丁男那樣受田，卻又不交租調及承擔正役。當然，就上引開元二十五年戶令及吐魯番出土鄉帳所記，還有許多問題，只能留待下篇討論「鄉帳」制度時，再一一仔細探討。

　　但是，十八以上中男亦並非不承擔任何封建剝削，至少在徭役上，雖不承擔正役，但也要服若干色役。據《通典》卷三五職《官門》所記：

　　　　諸州、縣不配防人處，城及倉庫門各二人；須守護者，取年十八以上中男及殘疾，據見在數，均為番第……每番一旬……滿五旬者，殘疾免課調，中男免雜徭……總謂之門夫。

由此可見，中男十八以上者，不僅不服正役，而且因充門夫「滿五旬」，還可免雜徭，而殘疾則是免「租調」，由此亦可見中男不交租調。

　　前面講到唐制二十一歲成丁（天寶三載後改為二十三歲成丁），許多授受徵免提到的年齡界限往往是十八歲以上，二十歲以下，因此在「五九」之中首先重「十九」，就和進丁以及是否承擔賦役有密切關係了。因為丁男既是均田對象，又是賦役的承擔者。故封建國家首先要注意把成丁之中男及時納入丁男中去，同時也要注意防止「減年入中」，故重「十九」之歲，並由縣令親自「過貌」。

　　所謂「四十九」，本在丁男之限內，似無甚特殊之處。但據《唐會要》卷八五《團貌門》引高宗開耀二年（682）十二月七日敕云：

　　　　百姓年五十者，皆免課役。

按高宗於開耀二年二月癸未改元永淳，此處云開耀二年十二月七日，

必有誤。又據高宗弘道元年（683）十二月四日遺詔云：

> 永徽以來入軍，五十者並放出軍，天下百姓年五十者，皆免課
> 役。[20]

按前條開耀二年十二月七日，疑即後條之誤，若是弘道以前，已有五十即免課役之定制，則次年高宗臨終時所作遺詔自無必要再申舊制。又遺詔之類蠲免規定，皆是臨時措施，未必即成常制。至中宗神龍元年（705），韋后為收買人心，曾提出百姓二十二歲成丁，五十八歲免役。[21]若是舊制已定五十歲免課役，而韋后所請年齡為五十八歲，且只免役，不及於課。因而較前者而言，不是減輕而是加重。由此亦可見高宗遺詔所云，實是臨時措施。韋后雖改變成丁及免役年限，但在其景雲元年被殺後，復行舊制。

又據《資治通鑑》卷二一〇記玄宗開元元年（712）正月己亥上皇（睿宗）誥云：

> 衛士自今二十五入軍，五十免。

似是五十歲即可免軍役，但《唐六典》、《唐會要》有關部分所記，皆「六十乃免」，又《資治通鑑》卷三一二「開元八年（720）」條記開元八年敕云：

20　《唐大詔令集》卷一一一《大帝遺詔》。
21　《通典》卷七《食貨門》「丁中條」；又《唐會要》卷八五《團貌門》記「五十九免役」。

　　　　役莫重于軍府，一為衛士，六十乃免。

可見睿宗之誥，亦未實行。盡管如此，我們可以見到許多臨時性的蠲
免，在「年」的規定上往往都是以「五十」為界限，故此必重「四十
九」，以防人「增年入五十」。

　　所謂「五十九」，據前引武德令，六十歲為老，又據文獻及出土文
書中的戶口帳及戶籍，可知老男皆為不課口，不再承擔租調及正役，
但據敦煌所出天寶某年差科簿的統計，老男仍服差科。據池田溫教授
統計，從六十歲到七十歲，皆服差科。但比較丁男而言，所承擔的封
建賦役無疑要輕，所以重「五十九」也就是要注意掌握控制「入老」
的關鍵年齡，以防詐偽「增年入老」。前引天寶九載十二月二十九日敕
云團貌事，至「五十九」後，即可不再列入「團貌」的對象了。

　　所謂「七十九」，為入「八十」之關鍵，所謂「八十九」，為入「九
十」之關鍵，在唐代均屬不課口，這一點自不待言。但之所以如此提
出，作為「五九」之數，自有其緣故。據唐令所制定的日本《養老
令》、《大寶令》中之戶令部分，皆有相同之記載：

　　　凡年八十及篤疾，給侍一人；九十，二人；百歲，五人，皆先盡
子孫。若無子孫，聽取近親。無近親，外取白丁。若欲取同家中男者
並聽。[22]

表明年入八十歲、九十歲就可分別享有不同數量的「侍丁」優待。侍

22　《令集解》，吉川弘文館 1974 年版，第 270 頁。《令義解》，日本吉川弘文館 1974 年
　　版，第 94 頁。

丁是取白丁充當，一旦充侍之後，「依令免役，唯輸調及租」。[23]在吐魯番出土的諸鄉戶口帳中，我們還看到「侍丁」與佐史、里正之類雜任，以及衛士等，同列於「不輸」的記載。[24]因此，在給侍的問題上，不僅僅是限於年齡達到多大，能享受給侍幾人的待遇，而且直接涉及國家賦役的徵收。故重「七十九」、「八十九」。

至於「三疾」，唐《三疾令》云：

> 戶令：諸一目盲、兩耳聾、手無二指、足無大拇指、禿瘡無髮、久漏、下重、大瘻腫之類，皆為殘疾。痴啞、侏儒、腰折、一肢廢，如此之類，皆為廢疾。癲狂、兩肢廢、兩目盲，如此之類，皆為篤疾。[25]

這裡是按照喪失勞動力及生活能力的程度不同來區別「三疾」的。日本仿唐令制定的《養老令》及《大寶令》幾乎全文照抄唐令。有關「三疾」的區分，亦是與承擔封建賦役剝削的多寡，以及是否享有「給侍」優待有密切關係。根據《唐律疏議》、《唐六典》、《通典》以及唐人賈公彥對《周禮》所作之疏，我們可知殘疾免除正役，但服雜徭、差科（如充門夫、烽子之類），並納租調。廢疾及篤疾課役俱免，而且篤疾還可享給侍的優待。

事實上，「年」與「狀」不僅與承擔封建賦役與否及多寡上有直接關係，而且與法律的執行有密切關係，集中反映在《唐律疏議》中有關量刑輕重，以及各種減免，如「請」、「減」、「贖」的條文，莫不與

23　《唐律疏議》卷三《名例三・犯死罪非十惡》條疏議。

24　唐長孺：《唐西州諸鄉戶口帳試釋》，載《敦煌吐魯番文書初探》。

25　《白氏六帖・事類集》卷九《疾》三一引《三疾令》。

人之「年」、「狀」有密切關係，這就要依據戶籍的記載了，據唐律記
載：

　　稱人年者以籍為定。

該條疏議則云：

　　稱人年處，即須依籍為定。假使貌高年小，或貌小年高，悉依籍
書，不合准貌。籍既三年一造，非造籍之歲，通舊籍計之。[26]

唐人重戶籍，必重手實。只有在一個登載完備準確的手實基礎上，才
能建立一個完備而又準確的戶籍，因此封建國家要用種種法律手段強
制百姓如實申報，手實中的保證辭云「更無加減，若後虛妄，求依法
受罪」，就是最直接的證據。

　　　（原載《魏晉南北朝隋唐史資料》第 5 輯，1983 年）

26　《唐律疏議》卷六《名例》。

唐代「點籍樣」制度初探

——吐魯番、敦煌兩地出土「點籍樣」文書的考察

在吐魯番阿斯塔那古墓葬區一九六三年至一九六五年眾多的考古發掘與清理工作中，編號為 64TAM35 號的墓葬，無疑是令學人最為注目的一個唐墓。該墓出土文書經整理、編目，總計達四十一件之多。且大部分文書並非拆自利用「故紙」所製作死者服飾用之物，諸如冠、帶、靴、鞋之類，而是多為營墓者有意識擇其與死者生前經歷有關之公、私文書，卷成一束，置於墓內。此種用以顯示死者生前身分的做法，在吐魯番出土墓葬之中，並不罕見。這就為我們保留了較為完整、內容豐富的文書資料。該墓所出如：《武周載初元年（690）西州高昌縣寧和才等戶手實》、《武周某年先漏後附部曲、客女、奴、婢名籍》，以及本文將要探討的《唐神龍三年（707）西州高昌縣崇化鄉點籍樣》，都是長達 2 米左右的卷子。以愚之管見，除了 72TAM506 號張無價墓，因出土有紙棺、紙褥，而以文書眾多且完整著名於世外，目前恐尚無與之匹敵的墓葬了。

承主持該墓發掘、並執筆撰寫發掘簡報的李征先生見告：由於灌

溉渠水浸蝕，該墓行將崩塌，匆匆冒險搶救，未發現墓誌及衣物疏。
從出土文書所見，應為史玄政之墓無疑。李征先生多年從事吐魯番地
區田野考古發掘及研究工作，建樹頗多。他的真知灼見，為我們的研
究工作提供了許多重要的線索。

　　據該墓出土文書中有關記載，我們可以大致了解到史玄政的經歷
如下：

　　唐龍朔三年（663）任崇化鄉里正[1]
　　唐咸亨五年（674）任竹秀武隊隊佐[2]
　　唐永淳元年（682）為西州高昌縣委派下太平鄉，巡檢百姓按戶等
儲糧事[3]
　　唐垂拱三年（687）以「前里正」身分管理逃戶土地出租[4]
　　唐聖曆元年（698）以「前官」身分管理「四角陶（萄）」[5]

這裡是據文書中確有紀年者，擇出排比，以見史玄政之經歷。但因該
墓無墓誌及衣物疏，故不知其生卒年月。今欲據上引資料，作一初步
推斷。

　　按唐制：

1　64TAM35：23《唐西州高昌縣崇化鄉縣里正史玄政納龍朔三年（663）糧抄》，載《吐
　　魯番出土文書》第七冊，文物出版社1986年版，第387頁。

2　64TAM35：30《唐咸亨五年（674）張君君領當隊器仗等抄》。

3　64TAM35：24《唐永淳元年（682）西州高昌縣下太平鄉符為百姓按戶等貯糧事》。

4　TAM35：20《唐垂拱三年（687）西州高昌縣楊大智租田契》。

5　64TAM35：40（a）《聖曆元年（698）前官史玄政牒為四角官萄已役未役人夫及車牛
　　事》。

　　諸里正，縣司選勳官六品以下、白丁清平強幹者充……無人處，
里正等並通取十八以上中男、殘疾等充。[6]

上引文書既稱史於咸亨五年任隊佐，故必非是「殘疾」明矣。則其於
龍朔三年任里正時，至少已有十八歲。又後十一年，為咸亨五年，史
玄政至少已有二十九歲。至遲於此時，已從戎旅，任隊佐。按唐制，
唐府兵最基層編制單位為隊，隊有隊正、隊副，各為正九品下及從九
品下。[7]隊佐之名，不見史籍記載。但據該件文書，知必在隊副之下，
尚未入流，詳考可見孫繼民的文章。[8]又後八年，為永淳元年，史至少
已有三十七歲。至遲此時史已退伍，故得為高昌縣委派下太平鄉巡檢
百姓按戶等儲糧事。又後五年，為武周垂拱三年，史至少已有四十二
歲。史以其「前里正」身分，管理逃戶土地出租。此當因其在高宗龍
朔三年前後曾任里正，故得稱「前里正」。又後十一年，為聖曆元年，
史至少已有五十三歲。史以「前官」身分管理「四角陶（萄）」。按「前
官」，即唐戶籍中腳注之「職資」，本指「前職前官」，或許史玄政身從
戎旅，於咸亨五年任隊佐之後，復得升遷，獲有品秩，而又於永淳元
年前（或當年）退伍，故得稱「前官」。而此種人，例為縣司所用，分
派執掌諸色雜事。同墓所出《武周載初元年西州高昌縣寧和才等戶手
實》，以及《武周某年先漏後附部曲、客女、奴、婢名籍》，或反映了
史玄政曾因有「前官」身分，故於造「手實」及檢查漏籍之「賤口」
時，曾被臨時委用。或許後至作「點籍樣」時，復又以「前官」身分，

6　《通典》卷三《食貨典・鄉黨》。

7　《舊唐書》卷四二《職官志》。

8　孫繼民：《跋〈唐垂拱四年（688）隊佐張玄泰牒為通當隊隊陪事〉》，載《敦煌吐魯
　番文書初探二編》，武漢大學出版社 1990 年版。

為縣司委用。

　　然而此件「點籍樣」作於唐中宗神龍三年（707），若以上之推測，則史於此時至少年已屆六十二歲。依唐制，身已入「老」。或許此時，史猶被縣司委用。又據唐制：

　　　　諸州、縣籍、手實、計帳，當留五比……其遠年，依次除。[9]

設若「點籍樣」之類，亦如州、縣之戶籍、手實、計帳，保留「五比」──十五年，則至唐玄宗開元十年（722）後，方得剔除。若史玄政於此後方逝世，則至少已年逾七十七歲。如此高壽雖不無可能，但終屬罕見。是故，亦可能隨二次入葬者，置入墓內。吐魯番地區晉唐古墓，多為合葬墓。所惜本墓發掘報告無有此項記載，上說純屬推測。

　　據李征先生執筆撰寫的發掘簡報記載：本卷長達二點八七米，用幅寬二十八點八釐米、幅長四十一點四釐米之白麻紙（此據李征先生見告）黏接成卷。卷上鈐有長方形朱色篆文「高昌縣之印」多方。[10]今據《吐魯番出土文書》第七冊所收該件，知此件已斷裂成九片，惟第一片保留最多，計字九十七行、鈐印十五處。第二片剩字十一行，鈐印二處；第三片剩字六行，鈐印二處；第四片剩字十八行，鈐印四處；第五片剩字三行；第六片剩字十三行，鈐印三處；第七片、第八片各剩字二行；第九片剩字一行；總計剩字一百五十三行。凡保存完整之諸黏接縫背面，皆押署如下：

9　《大唐六典》卷二「戶部郎中員外郎」條，日本廣池學園本，第 65 頁。又《通典》卷三、《舊唐書》卷四八所載亦同。

10　李征執筆：《吐魯番縣阿斯塔那──哈拉和卓古墓群發掘簡報》，載《文物》1973 年十期。

高昌縣……崇化鄉……神龍三年點籍樣……

凡縣鄉名處，鈐「高昌縣之印」一方。明標作於神龍三年。且就片（一）之第三行所記：

　　3.戶主大女張慈善年廿一　　中女

按「大女」之名，漢及北齊，各有其特定含義，此處不欲詳考，留待另文專證之。今所要指出為唐西州手實、戶籍之中，但凡年及丁、中之女性為戶主者，皆稱「戶主大女」，猶敦煌所出沙州敦煌縣籍中，凡未婚配之丁、中女性，皆稱「中女」，各有特點。又，此條以二十一歲為「中」。按唐武德令，本以二十一歲成丁。後中宗神龍元年（705）五月，因韋后所奏，改為二十二歲成丁。至睿宗景雲元年（710）七月，復改為二十一歲成丁。[11]故此處「中女」之制，亦是神龍元年五月改制之後的結果了。

　　據李征先生鑑定，本件以白麻紙書寫。格式謹嚴，黏接縫背均有押署，正、背兩面多處鈐有縣印，為正式之公文書是無疑問的了。但亦有因「書手」及胥吏之疏忽，而有誤漏之處，如片（一）之中：

　　9.戶主魏雙尾年六十　　老寡

按唐西州戶籍之慣例並參見本片之四十八、五十一、五十五、六十七行，「戶主」下脫「大女」二字。又同片：

11　《通典》卷七《食貨七・丁中》。

　　6.戶主康義集年二　小男

按唐制：始生為黃，四歲為小。[12]至神龍年間韋后奏改昔制，亦未曾改動「黃」、「小」。又同片：

　　19.戶主黃女安浮呴台　年二　黃女

此行所記，兩歲為黃。足證前引康義集條所記必有訛誤。又片（一）：

　　33.戶主何莫潘年八十職資

而片（四）記：

　　7.戶主曹玄恪年卅九　職資隊正

兩相比較，則前條只記身分為「職資」，顯是漏記何色職官。
　　此外，在統計一戶總有口數上，明顯存在錯誤之處，據片（一）：

　　24.戶主康祿山　年卅九　白丁
　　25.口大小總九（丁男一　丁妻一　中妻一　小男一　小女一，黃男一　黃女一　中男一　丁妻一）

按：此條所記總口數為九，但腳注中「小男一」已圈除，不應記入總

12　《大唐六典》卷三「戶部郎中員外郎」條。

口數內。或許先統計時未圈除「小男一」，故總計九口。而於圈除之後，漏改總口數為八。又，內記「中男」口一。按本件特點，除戶主外，戶內丁、中男口，列於總口數後，書名、年及身分，如片（一）：

75.戶主曹伏食年六十七
76.口大小總八（老男二　丁妻一　小女二　中女一）
77.　丁弟屍羅年六十　白丁
78.　中男孫師年廿　　中男

此處「中男」一項另列出，而前引康祿山戶內「中男」，只記入總口數之腳注內。又，本件「丁弟」、「中男」，亦不見於總口數腳注中。特別是屍羅年屆六十，猶作「白丁」，與韋后所奏「入老」改為五十九不符。又據片（一），總口數下腳注諸項，先書各色口，下書數字，而片（二）之後諸片記載方式則改為先書數字，下書各色口。今列片（二）所記如下：

4.戶主趙獨立年卅三　白丁
5.　口大小總五（一丁男　一丁妻　一小女　一黃男　黃女一）
7.戶主夏運達年卅八　丁品子
8.　口大小總四（一丁男　一丁妻　一小男　一小女）

至於片（三）、片（四）、片（五）、片（六）、片（八）記載形式，均同於片（二）而異於片（一）。五行所記「黃女一」反與同件中記載方式不一，而與片（一）同，這還是因為書手記載未能遵制而造成的結果。

　　凡此種種漏誤及不一致處，本件中尚可列出多條，此處不欲一一
列舉，另作校勘附於文後。在正式檢點戶籍的定簿中出現這種現象，
似乎也可說明中宗朝吏治的敗壞，諸項制度未能嚴格執行的實際情況。

　　在浩瀚的文獻中，我們還沒有見到有關「點籍樣」制度的任何記
載。在眾多的吐魯番出土文書中，迄今亦僅見此一件。日本學者土肥
義和教授曾自英倫抄錄出兩件殘片，經他拼合為一件，存字五行，考
定為《唐天寶載間敦煌縣受田簿》；土肥氏又進一步將該件與《唐神龍
三年西州高昌縣崇化鄉點籍樣》聯繫起來，認為都是與「均田制」下
土地還授有關而制定的。他還進一步推測，如將唐西州地區的給田文
書由縣一級進一步按戶加以整理，就成為大英圖書館所見之天寶年間
敦煌受田簿。[13]

　　一九八五年日本學者池田溫教授根據蘇聯《敦煌漢文文書資料集》
第一卷所收文書斷片，與土肥義和氏抄自英倫的文書斷片進行拼對、
考定，成為可確定先後關係的四個斷片、共十七行的天寶十載左右《敦
煌縣受田簿》，並根據他當時所能見到的神龍三年西州高昌縣崇化鄉點
籍樣的片斷，與之相對照，認為：

　　若只說結論性的見解，則點籍樣在登載全部已受田畝數於各戶的
這一點上，似可理解為在本受田簿（按指敦煌縣洪閏鄉受田簿）上也
是基本相同的。點籍樣在每戶注記全口數及各個丁、中情況這一點
上，則比之天寶受田簿的記載詳細，這種不同，表示了八世紀初的西

<hr>

13　〔日〕土肥義和：《唐天寶年代敦煌縣受田簿斷簡考──與田土的還受問題相關連》，
　　載《阪本太郎博士頌壽紀念日本史學論集》上卷，吉川弘文館 1983 年版；《唐代均田
　　制下敦煌地區的田土還授問題──大英圖書館藏「天寶載間敦煌縣受田簿」》，載《唐
　　代研究報告集 V 集》，刀水書房 1984 年版。

州與八世紀後半期的沙州的土地制度差異。若省去此戶內之口數及各口具體情況的注記則此兩種書式幾乎完全相符合。[14]

在該文的注二十三中，池田氏更直接指出：

高昌縣之神龍點籍樣與敦煌縣天寶受田簿相比較，後者簡單化、形式化。[15]

很顯然，在這裡強調二者「書式」基本上是一致的，池田氏與土肥氏的意見是相同的。

廈門大學楊際平在一九八七年撰文探討土肥義和教授的論文，指出：

關於天寶至德間敦煌洪閏等鄉丁口田簿與神龍三年高昌崇化鄉點籍樣文書的性質問題，我們以為此兩件文書著重登載的只是丁中而非全部應受田口。因此，與其說此類文書與授田有關，勿如說與租賦役負擔方面的考慮有關。[16]

最後，他還特別指出神龍三年點籍樣：

14　池田溫：《唐代敦煌均田制考察之一──圍繞天寶後期敦煌縣田簿》，載《東洋學報》第六十六卷第一、二、三、四號《東洋文庫創立六十周年紀年特輯號》。

15　池田溫：《唐代敦煌均田制考察之一──圍繞天寶後期敦煌縣田簿》之注二十三。

16　楊際平：《敦煌出土經濟文書雜考（三題）》，載《中國社會經濟史研究》1987 年第一期。

　　從其突出丁中情況來看，似乎不是為了土地還授，而是出於賦役方面的需要。

《吐魯番出土文書》第七冊的出版，公布了《唐神龍三年西州高昌縣崇化鄉點籍樣》的全部錄文，池田溫教授就此作了系統研究，指出：

　　所謂點，是加以核查之意，當時有點兵、點充、檢點、簡點等辭被使用。點籍似乎是意味著對戶籍加以核查、核對戶籍之意。樣是標本。這點籍樣可能是就州縣管下的全部戶籍，作為進行核查的準備，在崇化鄉等地作成點籍樣而保管於高昌縣的文書。把戶主及戶內的不同類別的全部人口數、戶內的丁男和一部分中男合起來已經給田數，以一定的書式列記的本文書，我認為它在浩瀚的戶籍中，可以遠為簡便地利用於戶口的統計、征稅、征兵及給田等諸項民政，能夠在神龍三年中，在推動改革縣政中，起重大作用。[17]

以上三家的意見，如果歸納起來，在把神龍三年高昌縣崇化鄉點籍樣與天寶年間敦煌縣洪閏鄉給田簿作為基本上是同一類型文書這一點上，是一致的看法。但在制定這類文書的直接目的與用途上，土肥義和教授強調的是與「均田制」下土地還授有關。楊際平則認為是「與租賦負擔」有關。池田溫既研究了兩者之間大同小異處以及產生的原因外，又重點考察了「點籍樣」，指出是為了「遠為簡便地利用於戶口統計、征稅、征兵及給田等諸項民政」，並起到了「推動改革縣政」的

17　池田溫：《關於神龍三年高昌縣崇化鄉點籍樣》，載《中國古代的法與社會——栗原先生古稀紀念論集》，汲古書院 1988 年版。

重大作用。他們三位學者在資料的挖掘、補充以及考定、對比研究上的成果，為進一步探討這種不見於史籍記載的「點籍樣」制度做出了貢獻。筆者在參加整理吐魯番出土文書過程中，即已接觸到「點籍樣」文書，因而有意於探其究竟。復於一九八三年九月，在東京日本唐史學者歡迎宴會上，聽到土肥義和教授介紹其在英倫之新發現及研究成果，頗受啟發，深感「點籍樣」制度非是西州所獨有。在這裡，筆者將在他們三位學者研究的基礎上，進一步探討「點籍樣」制度的用途及產生時代。

「樣」字本意為式樣、模樣。也即指一定的標準而言。今試舉例如下：

度樣：

（北齊蘇瓊為南清河太守）又蠶月預下綿、絹度樣於部內，其兵賦次第，並立明式。[18]

此處「度樣」，為絲織物之幅寬及長度的規定。應是作為納調時之法定標準，於營蠶時即下達民間，使之按此「度樣」紡織。

輸籍定樣：

（隋文帝世）高熲又以人間課輸，雖有定分，年常徵納，除注恒多，長吏肆情，文帳出沒，復無定簿，難以推校，乃為輸籍定樣。請遍下諸州，每年正月五日，縣令巡人，各隨便近，五黨三黨，共為一

18　《北齊書》卷四六《蘇瓊傳》，中華書局 1972 年版，第 644 頁。相關記載亦見於《北史》卷八六《蘇瓊傳》。

團，依樣定戶上下。帝從之，自是奸無所容矣。[19]

此處所言，為防官吏徇私舞弊，作假文帳，而難以檢查。故作一劃定戶等之標準──「樣」，頒行全國。

明堂圖樣：

（宇文愷於隋煬帝時）遷將作大匠……自永嘉之亂，明堂廢絕。隋有天下，將復古制。議者紛然，皆不能決。（愷）博考群籍，奏《明堂議》……其樣以木為之。[20]

此處所言，即本傳後所云撰《明堂圖議》二卷事。「其樣以木為之」，應即按所考制度，再以木材制成「明堂」模型。如今殘存清「式樣雷」所遺木制清宮模型。

鳳閣舍人樣：

（武周）聖曆中，車駕在三陽宮。御史大夫楊再思、太子左庶子王方慶為東都留守，引（徐）堅為判官，表奏專以委之……方慶深善之。又賞其文章典實，常稱曰：「掌綸誥之選也。」再思亦曰：「此鳳閣舍

19　《隋書》卷二四《食貨志》，中華書局 1973 年版，第 681 頁。

20　《隋書》卷六八《宇文愷傳》，中華書局標點本作「奏《明堂議表》曰……」。按陳寅恪《隋唐制度淵源略論稿》（三聯書店 1954 年版）作「奏《明堂議》，表曰……」。又前引《隋書》本傳末云其所撰，有《明堂圖議》二卷。中華書局標點本《北史》卷六○《宇文貴傳附子愷傳》亦作《明堂圖議》二卷，故知所奏《明堂議》應即《明堂圖議》。

人樣。」[21]

按武則天光宅元年（684）九月，改中書省名為鳳閣[22]中書舍人本掌「制誥」。[23]徐堅本傳學之士，「文章典實」，既為判官，專掌表奏，為楊、王所贊賞，蒙二人譽為專掌「綸誥」之中書舍人模樣。

錢樣：

武太后長安中，又令懸樣於市，令百姓依樣用錢。[24]

此蓋言高宗之世，「私鑄更多，錢復濫惡」[25]，至武周世更熾。故武則天為杜絕私鑄惡錢的流通，於商品交換場所——市中懸掛法定貨幣，照此標準，方能行用。

天上樣：

去年中使宣口敕，天上取樣人間織。[26]

此白香山言「繚綾」為珍貴絲織物，唯有按天上神仙所織式樣，人間方可織出。

襄樣：

21　《舊唐書》卷一〇二《徐堅傳》，第 3175 頁。《新唐書》卷一九九《儒學·徐齊耼傳附子堅傳》，中華書局 1975 年版，第 5662 頁。

22　《舊唐書》卷六《則天皇後》，《大唐六典》卷九「中書省」條。

23　《大唐六典》卷九「中書舍人」條。

24　《通典》卷九《食貨·錢幣下》。

25　《舊唐書》卷四八《食貨上》。

26　《全唐詩》卷四二七，白居易《繚綾》。

　　初襄有髹器，天下以為法。至（于）頔驕蹇，故方帥不法者，號「襄樣節度」。[27]

按《唐國史補》云：「襄州人善為漆器，天下取法，謂之襄樣。」即言襄州之漆器精美，為天下之榜樣。貞元中，于頔拜襄州刺史、山南東道節度使，在鎮貪殘跋扈。故時人稱「方帥不法」有類于頔者，為「襄樣節度」。

　　字樣：

　　唐玄度《九經字樣》一卷。[28]

此處所言玄度之撰，當為《九經》之標準書體。

　　由上所列舉之種種資料，可見「樣」即是式樣、模樣，都是指一特定事物的標準。那麼本件「點籍樣」也即指「點籍」的標準了。

　　「點」，也即「簡點」，或作「檢點」。在實際書寫過程中，亦有分作「簡」、「點」，取其一而用，但都含有檢查、核對之意。今舉例如下：

　　武德九年十一月，簡點使左僕射封德彝等，以中男十八以上，簡取入軍。敕旨已出，給事中魏征執奏不可。上（唐太宗）怒，乃召征，作色謂「中男若實小，自不點入軍。若實大，是其詐妄，依式點入，于理何嫌？」征正色謂曰：「若次男以上，並點入軍。租賦雜徭，將何

27　《新唐書》卷一七二《于頔傳》。

28　《新唐書》卷五七《藝文志》。

取給？」[29]

此處所言，為以「簡點使」將十八歲以上中男「簡取」（或謂「點」）入軍事。又見吐魯番阿斯塔那 334 號墓出土《唐龍朔某年故右戎衛□□府隊副刀住住墓誌》，內記高宗龍朔二年（663）颺海道征行時：

簡點立樣，選□□補之□□府隊副。[30]

此處所言，是府兵出征時，經過「簡點」，把應從戎旅之衛士編造名冊，即征人名籍。《木蘭辭》云：

昨夜見軍帖，可汗大點兵。軍書十二卷，卷卷有爺名。[31]

此處所言經「點兵」後所立「軍帖」、「軍書」，應即前引墓誌所記，經「簡點」後所立之「樣」。十二卷之說，蓋文學作品之誇張，舉其成數而言其多，不可更改爺名耳。

　　本件既已明標「點籍樣」，即應是經過簡點「籍」之後所立的「樣」了。「籍」字從字面上可見應指「戶籍」，但這是不夠的，還應從其內容去考察與「戶籍」的關係。本件背部黏接縫處作：

29　《唐會要》卷八五《雜錄》，中華書局 1955 年版。按《貞觀政要》卷二《納諫第五附直諫》，將此條置於貞觀三年事後，貞觀五年事前。《資治通鑑》卷一九一亦同《唐會要》，而置於武德九年十二月己巳事後。此事當在玄武門之變後，高祖已為太上皇，太宗登基、尚未改元時。

30　該墓誌現存新疆維吾爾自治區博物館。

31　參見逯欽立輯校《先秦漢魏晉南北朝詩》下冊《梁詩》卷二九《橫吹曲辭》，中華書局 1982 年版。

……高昌縣……崇化鄉……神龍三年點籍樣……

縣、鄉名處鈐「高昌縣之印」各一方。為了有所比較，今再引若干「戶籍」背部黏接縫處押署及鈐印如下：

一、《唐咸亨二年（671）西州高昌縣某鄉籍》：

1.……□□□……□□□……咸亨二年……
2.……高昌縣……□□□……□□□□□[32]

行一紀年處及行二縣名處，鈐「高昌縣之印」各一方，餘殘破處，不見文字及印。此引行二雖有殘破，但尚可據之以復原為：

……高昌縣……□□鄉……成亨二年籍……

二、《武周大足元年（701）西州柳中縣某鄉籍》：

1.……□□□……□□□……□□□□□[33]

行一紀年處及行二縣名處，鈐「柳中縣之印」各一方，雖多破殘，亦可據之復原為：

……柳中縣…□□鄉……大足元年籍……

32　73TAM222：54（b），《吐魯番出土文書》第七冊，文物出版社 1986 年版，第 129 頁。
33　65TAM341：38-3（b）、28-2（b），《吐魯番出土文書》第八冊，文物出版社 1987 年版，第 112 頁。

按唐制規定戶籍製作：

　　鄉別為卷……其縫皆注某州某縣某年籍，州名用州印，縣名用縣印。[34]

「某縣」之下，當脫「某鄉」二字。又，出土西州之戶籍，例只書某縣某鄉某年籍，不書州名，與敦煌所出沙州敦煌縣籍不同，池田溫教授於西、沙二州籍之異同處，已有專論[35]，此處不一一引證。總之，西州籍之黏接縫處背部注記及用印，基本同於上引制度。今以「神龍三年點籍樣」與之相比較，設若剔除「點」、「樣」二字，僅保留一「籍」字，則可視為即是「戶籍」的黏接縫注記。此種制度亦是為防範割裂篡改，「作假文帳」的舞弊行為。由此亦可見「點籍樣」與「戶籍」的關係。

　　又片（一）中見有如下記載：

11. 戶主大女陳思香年冊　丁寡
12. 　口大小總三　丁寡一　丁女一　黃女一
13. 　右件戶括附田宅並未給受

如此之類「括附」戶，總計達九戶之多。此種記載方式，亦見於池田溫教授定作大約是武周大足元年（701）之西州某縣殘籍中。該件作：

34　《唐會要》卷八五《籍帳》引開元十八年十一月敕。按此雖開元十八年敕，但出土唐開元以前西州籍中，不見州名，恐又因今存為縣籍，故例不書州名，惟署縣名。

35　池田溫：《中國古代籍帳研究》第三章之二《唐代的造籍：戶籍的外形與書式》，東京大學東洋文化研究所 1979 年版。

（前缺）

1. ____老男　聖曆____

2. ____括附田宅並____

（後略）[36]

拙文關於兩種寫本《燕子賦》的探討中，已考行二應是：

右件戶括附田宅並未給受[37]

均指新經「括附」上籍之戶，尚未按「均田令」授予永業、口分及園、宅之地。由此亦可見「點籍樣」與「戶籍」之密切關係。

又片（一）行四十三、四十四記：

43.戶主康迦衛年五十七　　衛士

44.右件戶逃滿十年田宅並退入還公

這裡表示當時「逃戶」逋逃落籍後，舊貫戶籍尚保留十年，逾限不歸，即行剔除舊貫戶籍，原按「均田令」所受田宅之地，全部「還公」。不再如前引《唐垂拱三年（687）西州高昌縣楊大智租田契》所記，逃人地由里正負責出租，所收租價，用充逃人賦稅。[38]此亦是「戶籍」所應記載之項目。

本件於戶主一項，詳記名、年、身分及疾狀。戶內男口之丁、中

36　池田溫：《中國古代籍帳研究》。

37　見《敦煌兩種寫本〈燕子賦〉中所見唐代浮逃戶處置的變化及其他》。

38　64TAM5：20《唐垂拱三年（687）西州高昌縣楊大智租田契》。

成員，除記名、年及身分外，名上例書與戶主之關係。至於其他戶內
成員，全部女口及男口之老、小、黃，只在總口數下腳注內，作一分
類統計，不書名、年及身分。前種記載，同於戶籍記載形式。後種情
況，亦與戶籍有關。今試以吐魯番所出《唐總章元年（668）帳後柳中
縣籍》片（二）康相懷戶為例：

4.戶主康相懷年陸拾貳歲　老男　課戶見輸
5.妻孫年陸拾參歲　老男妻
6.男海達年參拾歲　衛士
7.達妻唐年參拾歲　衛士妻
8.達女冬鼠年參歲　黃女　總章元年帳後附
9.□□子年貳拾壹歲　□□
10.男惠俊年拾參歲　小男
11.男達子年拾壹歲　小男[39]

此戶籍若按「點籍樣」制度改作，應寫作：

戶主康相懷年六十二老男
口大小總八　（老男一　老男妻一　丁男二　丁妻一　小男一
黃男一　黃女一）
丁男海達年卅　衛士
丁男□子年廿一　□□

39　72TAM179：16 之（一）至（四）殘片拼合，《吐魯番出土文書》第七冊，第 118-119
頁。

　　　　合已受田▢▢▢▢▢

按原戶籍行十一後已闕，故不明是否尚有其他成員及已受田數。又行
九所記「子」字前有闕，今姑以名有「子」字而作男性，計入丁男項
內。今若據此籍而作「點籍樣」，則背部黏接縫處押署印記當應改為：

　　　……高昌縣……▢▢鄉……總章×年點籍樣……

據上所考，無疑可見「點籍樣」是據簡點戶籍後所作之文簿。
　　這裡要指出的是，「點籍樣」製作的一個特點在於：凡一戶內，除
戶主一項，必書明其名、年及身分，若一戶內諸成員，諸女口及男口
中之黃、小、老口，只在總口數統計項內，分別統計。如作「老男」
若干，「小男（女）」若干、「黃男（女）」若干。而戶內成員中之丁、
中男口，例於總口數後，分別書明名、年及身分。今以片（一）所記
列於後：

　　35.丁男禿子年卅六　　衛士
　　36.丁男安寶年卅五　　丁品子
　　40.丁男射毗年卅七　　衛士
　　41.丁侄男婆解盆年五十　　衛士
　　62.丁弟僧奴卅二　　衛士
　　77.丁弟屍羅年六十　　白丁
　　78.中男孫師年廿　　中男
　　97.丁男難及年卅　　衛士

在片（四）中，所見亦同：

18.中男文師年十九（下殘）

在片（六）中，所見亦同：

2.丁弟技（枝）？斳□卅二（下殘）

何以在「點籍樣」中重視戶內成員之丁、中男口，在總口數後尚專項列出，首注與戶主之關係，次書名、年及身分？以愚管見，當應與承擔賦役剝削以及「均田制」有關。作為一縣之長的縣令，其職責明載於令文中：

若五九（謂十九、四十九、五十九、七十九、八十九）、三疾（謂殘疾、廢殘、篤疾）及中、丁多少，貧富強弱，蟲霜旱澇，年收耗實，過貌形狀及差科簿，皆親自注定，務均齊焉。[40]

這裡規定縣令「皆親自注定」的內容，包含了貌定年齡中的「十九」，是為提前重視貌定「進丁」的準備，同時還得注意掌握一縣之內的「中、丁」男口多少。作為「成丁」，既要按制受田，並要承擔全部賦役剝削及兵役。而十八歲以上「中男」除按制受田外，也要承擔部分徭役。有關丁、中男受田及承擔賦役情況，筆者在《唐代「手實」制

40　《大唐六典》卷三〇「京畿及天下縣令」條，第531頁。

度雜識》一文中，已有詳考[41]，此處不再贅述。總之，封建國家為保證全部賦役剝削及兵源，為執行「均田制」，就必須嚴格控制人戶中的丁、中男口。因而在「點籍樣」中，對一戶之內，除戶主之外，但凡戶內成員中的丁、中男口另列專項，詳書名、年及身分而不同於女口及男口中的黃、小、老口，也就是意中之事了。

目前我們只是在吐魯番出土文書中，見到一份神龍三年「點籍樣」，為西州高昌縣崇化鄉安樂等裡的殘件。此外，在眾多的吐魯番出土文書中，還不曾見過類似的文書。在過去所刊布的敦煌莫高窟出土文書中，亦未曾見過類似的文書。一九八三年，日本土肥義和教授刊布其抄自大英博物館、編號為 S.8387、S.9487 兩殘片，土肥教授拼合，並考定為唐玄宗天寶年間所作《敦煌縣受田簿》殘卷。一九八五年池田溫教授又據丘古耶夫斯基文書殘卷，經過考定拼合，成為四個斷片、共十七行字的殘卷。今抄錄如下：

①Дx.1379

1.戶張女女載五十六　　中女☐☐☐

2.受田十畝

3.戶鄧仙岩載廿一　　中女☐☐☐

4.受田廿畝

5.戶石玉樹載卅九　　☐☐☐☐☐☐

6.受田卅六畝

　　　（中缺約十六七行）

41　載武漢大學歷史系魏晉南北朝隋唐史研究室編《魏晉南北朝隋唐史資料》第五輯，1983年。

②Дx.8721

1.⎵⎵⎵⎵小女

2.受田十二畝

　　（中缺約六十余行）

③S.8387+S.9487

1.受田廿畝

2.洪閏鄉戶梁思節載六十四　老男上柱國

3.男元諫載卅一　上柱國子

4.受田廿三畝

5.戶梁奉貞弟載廿九　白丁

　　（中缺一行）

④Дx.3160

1.戶張崇進載廿五　白丁

2.受田一十六畝

3.戶宋難陀載六十二老男

4.⎵⎵⎵⎵元□⎵⎵⎵⎵

上件錄文片③上加蓋有「敦煌縣之印」，黏接縫背面押一「元」字，後一點與西州高昌縣崇化鄉神龍三年點籍樣押署不同。「元」字曾是造簿者所押，但用意同樣在於防范割裂作假。洪閏鄉為敦煌縣下屬一鄉，在敦煌所出唐代敦煌縣文書中，常見此名。既有鄉名，後鈐有縣印，知是敦煌縣所制定的正式文簿無疑。土肥義和教授根據其上稱「載」而不用「年」，定為唐玄宗天寶年間之文書，池田溫教授又詳考為唐天

寶十載左右的文書。[42]筆者在此復就土肥氏、池田氏研究基礎上，試以之與《唐神龍三年高昌縣崇化鄉點籍樣》作一比較，提出不成熟的看法。

神龍三年崇化鄉「點籍樣」之主要特點依然是以「鄉別為卷」，一如戶籍。其內再按「里」統計，標出里名。各戶記載簡點內容如下：

戶主名、年、身分

口大小總若干（戶內成員男女口按老、丁、中、小、黃各若干）

丁男（首書與戶主關係，次書名、年及身分）

中男（亦同丁男之例）

合已受田若干畝

敦煌縣洪閏鄉「授田簿」中，片①中張女女及鄧仙岩兩戶主皆為「中女」，知家無男口，石玉樹戶因石身分不明，暫可不論。片②缺名戶主身為「小女」，故家無男口自不待辯。片③梁奉貞後已缺，無可考。片④張崇進年僅廿五，故戶內必無「丁」、「中」之男。唯片③之梁思節戶，明確記載有一子為「丁男」。片④宋難陀戶後一行雖有殘，但據殘存一「元」字，可推知必為一男口無疑。今僅此可推知其統計書寫格式為：

戶（主）姓名年齡　身分

男（丁、中？）名年齡　身分

42　池田溫：《關於神龍三年高昌縣崇化鄉點籍樣》，載《中國古代的法與社會——栗原先生古稀紀念論集》，汲古書院 1988 年版。

受田若干畝

「戶梁思節」前書鄉名，應是該鄉簡點之首戶，故其後「戶梁奉貞」上不再書鄉名。梁思節戶內，只戶主及男元諫有名、年及身分記載，不見「口大小總」任何一項。而在神龍三年崇化鄉「點籍樣」中除戶內僅一口，不作「口大小總」任何一項外，凡戶內有兩口以上者，均作出總口數專項記載。此外，如前者書「戶主」，後者僅書「戶」；家內成員名上僅書與戶主關係，而不書「丁」、「中」；已受土地一項，前者書「合已受田」若干，後者僅書「受田」若干。在身分一項，前者僅書「勳官」，不記何色。如片（一）所記：

95.戶主安善才年五十　勳官

而後件梁思節直書作「上柱國」。表明二者在形式、記載內容以及專門用語上，均有所不同。

但從主要記載來看，又都有共同之處。二者均重視戶主及戶內丁（中）男的詳細記載。而對不承擔賦役及按制受田的女口、男口中的老、小、黃，前者中表現為僅在總口數內作腳注，後者因殘甚，梁思節一戶雖完整，卻不見女口等的統計，或許該戶內本無女口等。但其餘諸戶必有女口等，而因不承擔賦役及按制受田，故略而不計。此外，兩件中均注明「已受」田數。從而表明此兩件文書在簡點戶籍，尤其重視丁男、重視統計已受田數上，是完全一致的。

因此，我們把敦煌藏經洞中出土的這份文書，也作為直到玄宗天寶年間，敦煌縣依然施行過制定「點籍樣」的制度的證據，不能說是沒有根據的了。

　　誠然，這兩件出自不同地區，又非同一時期的文簿，存在前面所列舉的相異之處。我們知道唐朝雖然頒布了統一的戶籍制度，但出土的西州、沙州戶籍在書寫形式中，依然存在差別，池田溫教授曾作了專門的研究。[43]既然敦煌洪閨鄉之「點籍樣」是據敦煌縣洪閨鄉籍簡點後所作，也必然反映了沙州籍不同於西州籍的特點，如有勳位，只書何色勳官。同時，我們還必須看到，正如池田溫教授指出的，八世紀初到八世紀中葉，其間至少相距半個世紀。故應考慮到此間的變化。池田溫教授研究過七世紀末至八世紀中葉，也即武周至天寶年間的戶籍製作的演變。[44]那麼「點籍樣」形式的變化也就不足為怪了。由上可見，「點籍樣」制度在西、沙二州均施行過。但這一制度始於何時？是否中宗神龍三年首次施行？這一點在史籍中是沒有記載的。只是在吐魯番出土的《武周大足元年（701）西州某縣男智力等戶殘籍》中，見到了某些痕跡。今摘抄有關部分如下：

（前略）

1. ＿＿＿＿西至渠
2. ＿＿＿＿□□□年帳後括附
3. ＿＿＿＿聖曆二年帳後點入
4. ＿＿＿＿□□□年帳後點入[45]

（後略）

上引行二應是一闕名戶主，三、四兩行應是該戶戶內成員。拙稿有關

43　池田溫：《中國古代籍帳研究》第三章第二節《戶籍的外形與書式》。

44　池田溫：《中國古代籍帳研究》。

45　池田溫：《中國古代籍帳研究》，第239頁。

兩種寫本《燕子賦》的探討中，已考行二腳注闕文，可補作：

聖曆元年帳後括附

而行四腳注闕文，可依行三補作：

聖曆二年帳後點入

同時指出應是在聖曆元年作計帳後，武則天派括逃御史至諸州，行全國範圍內的「括客」統一行動。該戶主被「括附」入籍。但其家內成員今所僅見二人是在聖曆二年造「計帳」後被「點入」。可見「括附」與「點入」非是一年之事。勿論以「括」或「點」的形式出現，目的都是在於把浮逃戶重新登上戶籍，這在所引西州大足元年殘籍中，得到了證實。但事過一年，何以又有「點」之舉？可能就在聖曆元年作計帳後進行全國範圍內的「括客」，次年同時對戶籍進行「簡點」，清查人口，以鞏固「括客」成果，就在「簡點」此一闕名戶時，發現戶主雖新經「括附」，但戶內尚有口未附入戶籍，故在經「簡點」附籍後，加腳注，說明於何時「點入」。在下一次大足元年造籍時，完整地保留了這個記載。據此推測，很可能在武周聖曆三年（五月後改久視元年）就施行了「點籍」制度。只是作為「點籍樣」的文書沒能找到，而是從戶籍中原腳注一項，看到了這個制度施行的某些痕跡。

　　又按，神龍三年至九月改元景龍。崇化鄉神龍三年「點籍樣」必作於此年九月前。又是年干支為丁未。按唐制三年造戶籍：

造籍以季年（丑、辰、未、戌）。[46]

神龍三年正值造戶籍之年。又造籍：

起正月上旬，縣司責手實、計帳，赴州依式勘造⋯⋯三月三十日納訖。[47]

如是年造籍，當畢於三月。為何此後，九月前復又造「點籍樣」？

一種可能，則是神龍三年未遵制造新籍，而將舊籍經「簡點」，作出「點籍樣」，以此為准。從目前敦煌、吐魯番兩地出土唐戶籍中，尚未發現中宗時期的戶籍。所見中宗朝以前最近年分的戶籍，是前引《武周大足元年（701）西州某縣男智力等戶殘籍》[48]及《武周大足元年（701）西州柳中縣殘籍》[49]、《武周大足元年（701）沙州敦煌縣效谷鄉殘籍》。距中宗朝以後最近年分之戶籍則有《唐先天二年（713）沙州敦煌縣平康鄉殘籍》[50]。在《朝野僉載》中，則有如下記載：

景龍末⋯⋯杜鵬舉時尉濟源縣，為府召至洛城修籍。[51]

46　《大唐六典》卷三「戶部尚書員外郎」條。

47　《唐會要》卷八五《籍帳》引開元十八年十一月敕。

48　池田溫：《中國古代籍帳研究》附錄部分；又，中國科學院歷史研究所資料室編《敦煌資料》第一輯。此處所引文書年代，據池田溫教授所考定。

49　65TAM341：28，《吐魯番出土文書》第八冊。

50　唐耕耦、陸宏基編：《敦煌社會經濟文獻真跡釋錄》第一輯，書目文獻出版社 1986 年版，第 135 頁。

51　《朝野僉載》卷六，中華書局 1977 年版。

按景龍四年六月，安樂公主與韋后合謀，毒殺中宗，立溫王李重茂為帝，改元唐隆。[52]是年干支為庚戌，正值造籍之年。故杜鵬舉雖身為濟源縣尉，因造籍事煩，亦被臨時召赴洛陽，參預修籍。事實上，很難設想自武周大足元年後，直至景龍四年方始修籍。因此上說恐尚屬妄斷，難以成立。

另一種可能則是中宗朝，韋后及安樂公主操持政局，中宗亦本一庸主，政治腐敗，制度廢弛，逃亡問題嚴重。就在神龍二年（706）遣十道使巡察風俗詔中，也講到當時：

> 貪官傲吏，屢黷于爰書，失職流亡，幾淪於版籍。[53]

表明當時浮逃脫籍現象嚴重，而官吏不遵法制，戶籍不實。神龍三年雖復遵制造籍，然猶未能解決這一問題。故於是年三月造籍之後，復又迅即下令「簡點」戶籍，作「點籍樣」。以愚所見，此說較前說似為有據，然因缺乏可引證之史籍及出土文書，亦只能聊備一說。

至於敦煌地區的情況，池田溫教授在他的《中國古代籍帳研究》一書第三章中，專有「天寶敦煌籍中所出現的偽濫傾向」一節，根據敦煌縣龍勒鄉天寶六載籍以及大量文獻資料，進行了細緻深入的研究，他指出：

> 在本籍中顯示出偽籍在量與質的方面，都顯著地增大和深化。
> 本籍的偽濫是明示天寶時代籍帳鬆弛的顯著之例。

52　《舊唐書》卷七《中宗本紀》，《新唐書》卷五《睿宗本紀》。

53　《冊府元龜》卷一六二《帝王部·命使二》，中華書局1982年版。

根據這份歷史背景材料，我們把天寶年間敦煌縣洪閏等鄉殘卷視作為針對該縣戶偽濫的現狀，進行整頓，從而製作的《天寶某載敦煌縣洪閏諸鄉點籍樣》也不是毫無根據的。池田溫教授還指出其作偽的後果現象之一，就是「男女數的不均衡」，「本籍（按指天寶六載敦煌縣龍勒鄉籍）從全體看」，「女口為男口的三倍」。從洪閏鄉籍中所見殘存的八戶中，能判明戶主性別的七戶，就有三戶戶主為「中女」及「小女」，這不就在一個側面反映了敦煌的現實嗎？而這份「點籍樣」中，如同西州高昌縣崇化鄉的「點籍樣」一樣，在除戶主的記載外，還要記載戶內男丁（或中？）名、年及身分，不正是要解決「偽濫」所造成的這個後果，從而保證應承擔賦役男口的增加嗎？

綜前所考，「點籍樣」應是對「戶籍」進行「簡點」之後，所作出之定簿。唐自高宗世後，農民逃亡已成為嚴重的社會問題，至武周世更為熾烈，這不僅影響到封建國家賦役收入及兵源，同時發展成「光火大賊」，嚴重影響到封建國家的統治。在武周聖曆二年開始了全國範圍內的「括客」統一行動，此後亦屢有「括客」之舉，直到玄宗開元年間，又用宇文融的建議，復進行「括客」。在拙文有關兩種寫本《燕子賦》的考察中，已有詳考。此外，尚有年常之「團貌」，每年一造的「手實」，三年一造的「戶籍」，但並不能遏制農民的逃亡。武則天在聖曆元年行「括客」之制，據吐魯番所出《武周長安三年（703）敦煌縣典陰永牒》所見，在聖曆元年後五年，負責「括戶」的「括戶採訪使」還存在，逃戶還以種種方式逃避「括」還舊貫。所以很可能在聖曆二年，就在「括客」同時，對戶籍進行了「簡點」。其作用固然是整頓核查全部戶籍，也同樣將「簡點」時查出的「漏口」之類重新登附於戶籍之中。出現在前引大足元年籍中，一戶之內既有「聖曆元年帳後括附」的記載，復又有「聖曆二年帳後點入」的記載，應是「括客」後

復又「簡點」戶籍的結果。此制由於吐魯番出土之《唐神龍三年高昌縣崇化鄉點籍樣》以及敦煌出土的《唐天寶年間敦煌縣洪閨等鄉點籍樣》中得以窺見其制之全貌，同時從中了解到「簡點」戶籍之重點在於一戶之內的丁、中男口，從而知道此制目的還是在於控制應向國家承擔全部賦役及兵役的丁男以及部分承擔賦役的中男。土肥義和教授及池田溫教授所發掘的敦煌洪閨鄉天寶年間殘文書，雖與神龍三年崇化鄉之「點籍樣」確有不同之處，但除了因地區性的差別與時代的變化而有了不同之處，其餘主要方面，依然與之相同。從而表明直到天寶年間，敦煌縣尚實行過「點籍樣」之制。或許這種「簡點」戶籍、製作「點籍樣」的制度，畢竟不同於經常性的「手實」與「戶籍」，故而在出土文書中亦屬罕見。

如唐人所云：

夫籍者，所以編戶口，計租稅耳。[54]

為了保證戶籍的準確性，除了傳統的一套制度化的管理戶籍辦法外，在必要時也將採取某些帶有臨時的檢籍措施。這就是「點籍樣」制度產生的原因。它的直接目的在於核查戶籍，尤其是丁、中男口。但其結果，勢必有利於諸種賦稅徭役的徵收及土地授與。

由於史料及出土文書的缺乏，更因筆者水平有限，缺乏深入研究，只能提出一些膚淺的意見。這一問題的解決，還寄望於今後吐魯番地區新的考古成果的出現，而對於這一點我們是深信無疑的。

---

54 參見《全唐文》卷三七三《與吏部孫員外書》，中華書局 1983 年版。

附　錄

《唐神龍三年（707）高昌縣崇化鄉點籍樣》校勘記

（一）

2.右件戶

按：據後所載，知「戶」下尚有闕文，故應加「▢▢▢▢」號。

6.戶主康義集年二　小男

按：據前考，知「小男」為「黃男」之誤。

9.戶主魏雙尾年六十　老寡

按：「戶主」下脫「大女」二字。

21.戶主李丑奴年五　小男
22.安樂里
23.右件戶括附田宅並未給受

按：「點籍樣」一如戶籍，「鄉別為卷」，鄉內諸戶，又按「里」分列。此處行二十二安樂里不作於行二十一前，亦必作於行二十三後，斷無書於此處之理，故必有誤。

25.口大小總九（丁男一　丁妻一　中妻一　(小男一)　小女一　黃男一　黃女一　中男一　丁妾一）

按：總口數為九，然腳注內「小男一」已圈除，則總口數為八，或許原統計為九，包括「小男一」，後雖圈除，但漏改總口數。又，有「中男一」，按「點籍樣」制度，中男亦如丁男、戶主，另列出，書名、年及身分，此處有漏。

28.口大小總八（丁男一　丁妻一　小男二　小女一　黃男二）

按：總口數為八，然據腳注統計為七，故必有誤。

33.戶主何莫潘年八十　職資

按：據片（四）行七「職資」下脫記銜名。

38.　　戶主康阿子年六十二　廢疾
39.　　口大小總九（老男一　老男妻一　丁男二　老寡一　丁女三　小女三）

按：「廢疾」二字上當脫「老男」二字。又總口數為九，然據腳注統計，則有十一口。故必有誤。

46.口大小總八（小男一　寡妻一　中女一　丁女二　黃男二）

按：總口數為八，然據腳注統計，則只七口，故必有誤。

　　58.口大小總三（老男一　老男妻　小女一）

按：「老男妻」下當脫一「一」字。

　　65.口大小總五（丁男　寡妻一　丁妻一　小男一　丁寡一）

按：「丁男」下脫一「一」字。

　　75.戶主曹伏食年六十七
　　76.口大小總八（老男二　丁妻一　小女二　中女一）
　　77.丁弟屍羅年六十　白丁
　　78.中男孫師年廿　中男。

按：戶主名、年下，當脫身分一項記載。又總口數為八，腳注所記，僅得六口之數。然後記丁弟、中男各一口，知腳注處漏記「丁男一」、「中男一」。

　　81.口大小總七　丁男

按：此處總口數為七，然腳注僅記「丁男」二字，故此處必有漏脫。

（四）

16.戶主焦僧住年卅三衛士。

按：此處戶主作「焦」姓。然今所見吐魯番出土十六國時期至唐代文書中，從未見有「焦」姓者。以愚所見，在出土文書中，凡「侯」字，例書作「矦」，若不細審，易誤作「焦」。故此「焦」必為「侯」之誤。

補記：池田溫教授《中國古代籍帳研究》一書中，考戶籍制度之變化，指出唐開元年間始加強衛士、勳官腳注記載，如何年點充衛士、何年得勳官。故文中所引《武周大足元年西州某縣男智力等戶殘籍》中的「聖曆二年帳後點入」之「點入」，非同開元之衛士「點入」。

（原載唐長孺主編《敦煌吐魯番文書初探二編》，武漢大學出版社1990年版）

唐「籍坊」考

宋敏求《長安志》卷八「永寧坊」條首云：

（坊）東南隅，京兆籍坊。

按《唐六典》、《通典》、《唐會要》以及兩《唐書》等，皆不見有「籍坊」之制。故徐松《唐兩京城坊考》卷三「永寧坊」條，照錄《長安志》此句原文，並於其下注云：

按此，《長安志》文。籍坊未詳，或徒坊、病坊之類。俟考。

以徐星伯學識之淵博，亦困於史乏記載，而無從考其制度。且喜吐魯番阿斯塔那古墓葬區所出唐代文書中，尚有雖然量少但頗為完整之牒文，足資考證唐代「籍坊」之制。

　　「徒坊」之制，史無記載。當因徐氏誤認「籍坊」之「籍」與「籍沒」有關，故云獄徒所居即「徒坊」，而「籍坊」即其同類。至於「病

坊」，在唐本為寺院之所謂慈善救濟之悲田、養病坊[1]，或因亦稱
「坊」，故徐氏亦將「籍坊」與之歸納為一類了。

　　「坊」字含義頗廣，但就《長安志》原文所載，「籍坊」既處於永
寧坊內東南隅，則此處之「坊」，必非城市居住區劃之「坊」已明矣。
據何平叔《景福殿賦》：

　　屯坊列署，三十有二。星居宿陳，綺錯鱗比。

六臣注云：

　　聲類曰：坊，別屋也。釋名曰：坊、別屋名。[2]

何晏此賦將「坊」與「署」並稱，可見「坊」之意除了六臣注所引《聲
類》、《釋名》等書釋作「別屋」外，亦含有官府機構之意。在隋代，
太子官署有「左、右坊」、「內坊」、「典書坊」[3]、「典經坊」，唐代太
子有「左、右春」[4]，又作坊，則有弩坊署、甲坊署、車坊等。[5]吐魯
番文書中亦見西州屬下交河等縣，設有「車坊」。表明隋、唐之時，
「坊」亦是官署名稱之一，而且進一步坊署聯稱。[6]

　　《長安志》原文此處既已稱「籍坊」，則此坊必與「籍」有關，此

1　《舊唐書》卷一八上《武宗紀》會昌五年（845）十一月甲辰敕。《新唐書》卷五二
　　《食貨志》。
2　《昭明文選》卷一一《賦》。
3　《隋書》卷二八《百官志》。
4　《大唐六典》卷二六「太子左、右春坊」條，《舊唐書》卷四四《職官志三》。
5　《大唐六典》卷二二「甲坊署、弩坊署」條，《新唐書》卷四八《百官志》。
6　《大唐六典》卷二二「甲坊署、弩坊署」條，《新唐書》卷四八《百官志》。

處之「籍」，即指戶籍，籍帳。後面將要引用的兩份牒文中，已見有
「籍坊」、「籍庫」之名，就可證明這一點。

　　根據唐代的戶令：

　　三年一造戶籍……州、縣之籍，恒留五比，省籍留九比。[7]

又據唐開元十八年（730）敕：

　　諸戶籍三年一造……總寫三通。其縫皆注某州某縣某年籍。州名
用州印、縣名用縣印。三月三十日納訖。並裝潢一通送尚書省。州、
縣各留一通……有析生新附者，于舊戶後，以次編附。[8]

由此可見，戶籍制定後，首先有個保存的問題。按唐制，尚書省戶部
所掌戶籍保存二十七年，其餘各州、縣之籍，亦要保存十五年之久。
那麼，在這個法定的保存時間內，應有專門的機構負責保管和存放。

　　關於「籍坊」是保存戶籍之機構，首先是由池田溫教授著文所提
出的，但是我們認為「籍坊」不僅僅是保管戶籍的機構，而且還具有
記載、調查、核對戶籍等事項的職能。我們只有了解了這一點，才能
明白《唐麟德二年牛定相辭為請勘不還地子事》判語中的「付坊」之
意。

　　我們知道唐制是三年一造籍，那麼在新籍制定後三年內，還有一
個因婚嫁、生老病死、逃亡、奴婢買賣等等原因，從而造成戶內人口

7　《大唐六典》卷三「戶部郎中員外郎」條。

8　《唐會要》卷八五《籍帳門》。

增減、分家析戶等的變動，即所謂「新生析附者」之類，亦需要一定的機構來從事「于舊戶後，以次編附」的工作。此外，唐代實行均田制，根據敦煌吐魯番出土文書，我們看到唐代戶籍的一個特點是「戶口籍」與「地籍」緊密結合在一起。而「給田簿」、「退田簿」等有關均田制文書的出土，也的確反映了土地的還受在頻繁地進行著。

故土地的調查與變動，亦是與戶籍的管理分不開的。因而有關保管、調查等項工作，都要一個專門固定的機構來管理。

根據《唐六典》卷三「戶部郎中員外郎」條記其職掌：

掌領天下州縣戶口之事。

又據同書卷三　所記，各級政權機構之職員中，皆有「戶曹」之置，其職掌首先亦是管理戶籍。在縣戶曹之下，還有各里之里正。

里正之任，掌按比戶口，收手實，造籍書。[9]

但是，根據吐魯番出土文書，在唐代各縣尚有「籍坊」（大約在玄宗天寶年間改稱為「籍庫」）具體負責戶籍的保管等活動。

吐魯番阿斯塔那35號墓出土一件《武周永昌元年（689）高昌縣籍坊典王君達牒》，記云：

1.　籍坊
2.　戶主和仲子肆拾參　男懷感拾捌

9　《唐律疏議》卷一二《戶婚律》「諸里正不覺脫漏」條，第233頁。

3.一段二畝永業陶城西十裡武城渠　　東劉阿留　　西張玄逸　　南嚴知奴　北自 至

4.一段二畝陶城西十裡武城渠　　東渠　　西張玄逸　　南左德子　　北荒

5.一段八十步菜城北二裡張渠　　東唐隆仕　　西牛義咸南道　北白海德

6. 右 依檢上件人垂拱二年籍應

7. 授地人及常田地段四至如前

8.牒件檢如前，謹牒

9.本典王達勘同　永昌元年二月　日　典王君達牒

10.　承惠　元泰

11.　牒交河縣籍坊勘趙

12.　斬仁地報諮　玄式白[10]

本件已見「籍坊」之名，然牒文內未云是何處之籍坊。但牒文內所列舉和仲子戶內土地所屬灌溉渠名為武城渠及張渠，此二渠皆在西州高昌縣境內[11]，故可知此「籍坊」必為高昌縣所轄是無疑的了。又本牒末尾，玄式的判詞中有「交河縣籍坊」記載，故可推知，凡縣皆有「籍坊」。結合前所引《長安志》所記「京兆府籍坊」，可知唐制，凡府（州）及縣，亦必各有「籍坊」。這是因為首先府（州）及縣，皆要按照法令，各自保存一府（州）或一縣之戶籍，且長達十五年之久。

　　牒文中的典，應即是縣「籍坊」中的吏員，大約是高昌縣官員為了解和仲子戶內所有按均田令已受土地的段畝數及四至情況，故令高

10　64TAM35：44（a）。

11　參閱孫曉林：《唐西州高昌縣的水渠及其使用、管理》，載唐長孺主編《敦煌吐魯番文書初探》，武漢大學出版社 1983 年版。

昌縣籍坊典查閱戶籍記載。高昌縣籍坊典王君達查閱了垂拱二年戶籍所記和仲子及子懷感二人年齡及已受土地的段畝數及四至。至於牒文內只報告父與子二人，恐非戶內只此二人，而是因為和仲子身是戶主，又是丁男，其子懷感年十八，身為中男，根據唐令：

> 凡給田之制有差，丁男、中男以一頃。

其下注云：

> 中男年十八已上者，亦依丁男給。[12]

父、子二人均合應授田。又，中男雖不服正役，卻要服雜徭[13]，故牒文只列舉其二人。

又行九云：「本典王達勘同。」這個王達應即該籍坊典王君達。唐人習於雙名單稱，在吐魯番出土的公、私文書中，雙名單稱是習見之現象。大約王君達抄錄了垂拱二年籍和仲子戶的記載後，或是又作了實地勘查（亦或勘對原由縣所下符牒中記載的和仲子戶土地情況），二者相同，故又批上「勘同」。

按唐制：

> 造籍以季年_{丑辰}¹⁴_{未戌}

12　《大唐六典》卷三「戶部郎中員外郎」條。

13　《通典》卷三五《職官典》「祿秩」條，以中男充門夫，滿五旬可免雜徭。

14　《大唐六典》卷三「戶部郎中員外郎」條。

垂拱二年干支為丙戌，正值造籍之年，而永昌元年（689）干支為己丑，又距垂拱二年後三年，亦為造籍之年。據《唐六典》卷三所記：

> 諸造籍，起正月，畢三月。

本件牒文作於永昌元年二月，是在該年造籍之期限內。或許是為造新籍時，對和仲子戶內已受之土地段畝四至有疑問，故責成本縣籍坊勘對上次——垂拱二年籍的記載。

大約因根據舊籍勘對無疑，故牒文最後由官員玄式所作判詞，對和仲子戶不再提出問題。但卻又給「籍坊」典下達新的指令：

> 牒交河縣籍坊，勘趙斗仁地報諳。

這裡的趙仁應是高昌縣人，但他有土地在交河縣境內，故還應由高昌縣籍坊移牒交河縣籍坊，勘其在交河縣境土地的段畝及四至。

在出土西州帳籍中，我們看到高昌縣人戶的土地，往往包括分在鄰近的縣境內，如《武周載初元年高昌縣寧和才等戶手實》所記王隆海戶所受之地：

> 一段一畝半常田城西卅裡交河縣（後略）[15]

其餘各戶，有見於土地分在天山縣[16]、柳中縣[17]這類記載。其原因則是

15　64TAM35：60（a）王隆海戶手實。

16　64TAM35：64（a）康才寶戶手實。

17　65TAM341：28《武周大足元年西州柳中縣籍》。

由於高昌人多地少屬於狹鄉，按唐制：

> 凡給口分田，皆從便近。居城之人，本縣無田者，則隔縣給受。[18]

故高昌縣人之田，有因均田令給受之制，授到鄰縣的。如吐魯番所出
《唐開元廿九年（741）西州高昌縣給田簿》記：

> 5.一段半畝常田城西六十里交河縣界　東渠　西荒　南康　☐☐
> 北渠
> 6.☐☐畝常田城西六十里交河縣界　東渠　西荒　南曹鼠　北趙
> 洛
> 7.〔西〕已　上　給　孫　小　胡　〔天〕充[19]

行七首字「西」，即指高昌縣下之安西鄉，足資證明孫是高昌縣安西鄉
人，但其之受田，兩段皆已分配到交河縣。同時，也可能是祖先遺留
舊產，亦或出於自手買賣等原因，而擁有在外縣之產業。大約需要一
戶戶了解，以定新戶籍，故於和仲子戶的勘檢解決後，繼又批示另調
查趙訲仁戶。由於舊籍記載隔著一縣，未必與實際相同，故又稱牒交
河縣籍坊勘查。從而也表明一縣之籍坊固然要保管本縣之戶籍，但有
的雖非本縣居民，然有土地在這縣，該縣「籍坊」亦應掌握其占有土
地的記載。否則高昌縣籍坊就不能移牒交河縣籍坊，勘查此項土地授
受情況了。

18　《大唐六典》卷三「戶部郎中員外郎」條，《舊唐書》卷四八《食貨志》「受」作
「授」。

19　大谷4880，載池田溫：《中國古代籍帳研究》，第421頁。

日本龍谷大學圖書館收藏有一件橘瑞超自吐魯番所取去的文書，編號為 1-11，今抄錄如下：

1. 籍庫
2. 戶周祝子一段二畝常田城北新興　東渠　西道　南澤　北渠
3. 右依檢上件人天寶三載籍下新興分
4. 常田，具畝數、四至如前。又檢周祝子所共
5. 魏立地有一至同，三至不同。其祝子牒
6. 渠名與籍不同。事須付□□□逐。
7. 牒件檢如前，謹牒。
8. 天寶五載四月　日典麴福牒。
9. 四至與渠名各
10. 殊，據地不合，
11. 一□付□□□□
12. 審括上□□□□
13. 十□□[20]

本件形制與前引武周永昌元年高昌縣籍坊牒相同，但首稱「籍庫」而不稱「籍坊」。應是由於玄宗世，曾對戶籍書寫的某些形式與內容、名稱，作了某些改變，如戶籍騎縫處書寫之某州某縣某里某年籍，由紙背處改為書寫在正面，改「道」為「路」，改段畝數小寫為大寫，等等。[21]與此同時，可能將舊之「籍坊」，改名「籍庫」。

20　池田溫：《中國古代籍帳研究》，第 467 頁。

21　池田溫：《中國古代籍帳研究》第三章《唐代的造籍：戶籍的外形與書式》。

　　如同前件，本件牒文亦未書明縣名，但牒文中提到該段土地位在「城北新興」，「新興」之名，在麴氏高昌為「新興縣」，吐魯番出土《高昌延昌十五年（575）寧朔將軍麴斌造寺碑》中，已有記載。[22]《梁書》卷五四《高昌傳》記高昌有四十六鎮，新興即在內。在唐則為高昌縣下一城，據陶保廉《辛卯侍行記》考證，該地在清為森尼木，訛為勝金臺。現據出土文書及木柱刻文[23]，均可證實即今勝金公社內。又吐魯番所出文書中有關周祝子的文書，亦可知是屬高昌縣文書，據大谷5816號文書，知周祝子為高昌縣寧戎鄉人。[24]故可推知此「籍庫」亦必屬高昌縣。因之本件定名為《唐天寶五載高昌縣籍庫典麴福牒》。

　　按牒文的內容，其一是為據天寶三載戶籍中，有關周祝子在新興城一段土地畝數四至的記載，查錄申報。這大約是高昌縣主管戶籍工作的官員所索要的材料。其二，則是發現周祝子一塊與魏立地相聯土地的四至記載，竟有三處不同於戶籍所記，「覓」即「竟」，同「境」，疆界之意。[25]「竟地」，也即指周、魏二姓土地境界。同時周祝子牒所申報土地所屬灌溉渠之名，與戶籍亦不同。籍庫典麴福在發現這些問題後，提出此事「須付□□□逐」，雖有缺文，但可揣度其意，就是要付交有關人員再去核查。而牒文末尾的判詞，是據麴福之申報牒文，判示與魏立相聯土地的四至以及申報渠名都有「殊」於戶籍，故還要交付有關人員經審查、審括，然後上報。由於判詞的殘缺，很難再作補字，但很可能自然是責成「籍庫」典麴福去完成的。

22　黃文弼：《吐魯番考古記》，中國科學院1954年版，第51-53頁及所附圖版。

23　岑仲勉：《吐魯番木柱刻文略釋》，載《金石論叢》，上海古籍出版社1981年版，第7頁。

24　〔日〕周藤吉之：《唐中期戶稅研究——以吐魯番出土文書為中心》，載《敦煌吐魯番社會經濟資料》（下）。池田溫：《中國古代籍帳研究》，第439頁。

25　《禮記·曲禮》：「入竟而問禁。」

　　這裡提出一個問題，即牒文中提到「天寶三載籍」。又據 S.3907
《唐天寶三載（744）籍後敦煌郡敦煌縣戶籍殘卷》所記卑德意戶：

　　□　□□　載壹拾陸歲　小男　天寶三載籍後漏附空[26]

此處亦提到天寶三年籍。按天寶三載干支為甲申，據前引唐令，非造
籍之年而是造籍之翌年。但出土文書中，卻見西州及沙州，皆於天寶
三載造籍。

　　與上相反的是，本件牒文作於天寶五載四月，是年干支為丙戌，
應是造籍之年，且牒文作於丙戌年之四月，按前引唐制，應是新戶籍
制定後的一月，但牒文內不見引五載新籍，而是查閱天寶三載之舊
籍。是證此年並未按舊制造籍。根據出土文書，我們知道在玄宗先
天、開元年間所造籍有如下幾份，今作一簡表如下：

干　支　　　　　籍　名

癸丑　先天二年（713）沙州敦煌縣平康鄉籍[27]

丙辰　開元四年（716）西州高昌安西鄉安樂里籍[28]

　　　開元四年西州柳中縣高寧鄉籍[29]

　　　開元四年沙州敦煌縣慈惠鄉籍[30]

26　《敦煌資料》第一輯，第 29 頁。

27　《敦煌資料》第一輯，第 12 頁、14 頁，二件殘片。

28　64TAM27：36（a）、37（a）、38（a）、39（a）。

29　池田溫：《中國古代籍帳研究》，第 243 頁。

30　池田溫：《中國古代籍帳研究》，第 173 頁。

　　壬戌　　開元十年（722）西州高昌縣籍[31]

　　　　　　開元十年沙州敦煌縣懸泉鄉籍[32]

　　　　　　開元十年沙州敦煌縣莫高鄉籍[33]

　　戊辰　　開元十六年（728）西州都督府籍[34]

　　辛未　　開元十九年（731）西州柳中縣籍[35]

　　甲申　　天寶三載（744）高昌縣籍[36]

　　　　　　天寶三載敦煌縣神沙鄉籍[37]

　　丁亥　　天寶六載（747）敦煌郡敦煌縣效谷鄉□□里籍[38]

　　　　　　天寶六載敦煌郡敦煌縣龍勒鄉都鄉里籍[39]

　　甲午　　天寶十三載（754）籍[40]

以上，大約在開元年間，仍按舊制，於季年造籍，而從已出天寶籍
看，則造籍之年，皆非季年，而是舊制造籍之翌年。這或許也如前所
云，玄宗世在天寶年間（或開元年間後期）所作的改革如同改「籍坊」

31　池田溫：《中國古代籍帳研究》，第250頁。

32　池田溫：《中國古代籍帳研究》，第179頁。

33　池田溫：《中國古代籍帳研究》，第187頁。

34　池田溫：《中國古代籍帳研究》，第251頁。

35　72TAM228：15，16。

36　見前引籍庫牒文內記「前件人天寶三載籍」。

37　池田溫：《中國古代籍帳研究》，第19頁。

38　池田溫：《中國古代籍帳研究》，第191頁。

39　池田溫：《中國古代籍帳研究》，第192頁。

40　池田溫：《中國古代籍帳研究》，第262頁，《唐至德二載交河郡戶口損益帳（？）行
　　一腳注，見有「天拾三載籍」句，知天寶十三載曾造過籍。

為「籍庫」。[41]這需要作專題的研究。

　　天寶五載於此時，雖非造籍之年，那麼這份牒文則不如同上件籍坊牒，是為造籍需要所作調查。但從牒文所提供情況，特別是從判詞中的「審括上」等的推斷看，與平時經常性的檢括戶籍，調查田畝等制度有關。

　　綜上所述，我們可以知道，根據法令規定戶籍歸戶曹掌管。但在府（或州）、縣均置有籍坊，大約在天寶初即改稱「籍庫」。只是名稱略有變化，作為職掌而言，沒有什麼變化。籍坊內至少設有「典」。作為籍坊，首先是保管戶籍。但是作為基層政權——縣的籍坊，根據出土文書，知道縣「籍坊」庶事繁忙，還要為制造新籍核對調查人口及土地。在平時要為檢括戶籍提供調查核對的結果。籍坊不僅保存戶籍，而且據永昌元年牒的判詞，得知籍坊還應保存有「地籍」。據此推測，與制定戶籍有關的公文書，至少如「手實」、「戶等簿」、「貌定簿」等等，亦應保存在籍坊內。此外，如前所提到的因「析生新附者」需要「于舊戶後，依次編附」的工作，也當由籍坊承擔。總之，一旦戶籍制定後，保管及主要的日常工作，即由「籍坊」承擔。我們深信，今後吐魯番文書的出土、整理和研究，定能加深對這一制度的研究。

　　　（原載《武漢大學學報》〔哲學社會科學版〕1983 年第五期）

41　參見王國維《觀堂集林》卷二一；〔日〕玉井是博《敦煌戶籍殘卷考》（載萬斯年輯譯《唐代文獻叢考》）。

地域文化研究叢書・敦煌文化研究叢刊　A0204005

敦煌吐魯番文書研究　上冊

作　　者	朱　雷
版權策畫	李煥芹
責任編輯	曾湘綾
發 行 人	陳滿銘
總 經 理	梁錦興
總 編 輯	陳滿銘
副總編輯	張晏瑞
編 輯 所	萬卷樓圖書股份有限公司
排　　版	菩薩蠻數位文化有限公司
印　　刷	維中科技有限公司
封面設計	菩薩蠻數位文化有限公司

出　　版　昌明文化有限公司

桃園市龜山區中原街 32 號

電話　(02)23216565

發　　行　萬卷樓圖書股份有限公司

臺北市羅斯福路二段 41 號 6 樓之 3

電話　(02)23216565

傳真　(02)23218698

電郵　SERVICE@WANJUAN.COM.TW

大陸經銷

廈門外圖臺灣書店有限公司

　　電郵　JKB188@188.COM

ISBN 978-986-496-476-5

2019 年 3 月初版

定價：新臺幣 360 元

如何購買本書：

1. 轉帳購書，請透過以下帳戶

　合作金庫銀行 古亭分行

　戶名：萬卷樓圖書股份有限公司

　帳號：0877717092596

2. 網路購書，請透過萬卷樓網站

　網址 WWW.WANJUAN.COM.TW

大量購書，請直接聯繫我們，將有專人為您

服務。客服：(02)23216565 分機 610

如有缺頁、破損或裝訂錯誤，請寄回更換

版權所有・翻印必究

Copyright©2019 by WanJuanLou Books CO., Ltd.

All Right Reserved　　　　Printed in Taiwan

國家圖書館出版品預行編目資料

敦煌吐魯番文書研究 上冊 / 朱雷著. -- 初版.
-- 桃園市：昌明文化出版；臺北市：萬卷
樓發行, 2019.03

　冊；　公分

ISBN 978-986-496-476-5(上冊：平裝). --

1.敦煌學　2.吐魯番文書

797.9　　　　　　　　　　　108003210

本著作物經廈門墨客知識產權代理有限公司代理，由浙江大學出版社有限責任公司授權
萬卷樓圖書股份有限公司發行中文繁體字版版權。

本書為臺灣師範大學產合作成果。　　　　　　　校對：　翁澄澄 ／國文系四年級